Kennedy Ezenwafor

Permitir o envolvimento no trabalho

AF671151

Kennedy Ezenwafor

Permitir o envolvimento no trabalho

Permitir a participação no trabalho no sector das TI nos Estados Unidos, Alemanha e Grã-Bretanha

ScienciaScripts

Imprint

Cover image: www.ingimage.com

This book is a translation from the original published under ISBN 978-3-659-85555-9.

Publisher:
Sciencia Scripts
is a trademark of
Dodo Books Indian Ocean Ltd. and OmniScriptum S.R.L publishing group

120 High Road, East Finchley, London, N2 9ED, United Kingdom
Str. Armeneasca 28/1, office 1, Chisinau MD-2012, Republic of Moldova, Europe
Managing Directors: Ieva Konstantinova, Victoria Ursu
info@omniscriptum.com

Printed at: see last page
ISBN: 978-620-8-40861-9

Índice:

Permitir a participação no trabalho no sector das TI nos Estados Unidos, na Alemanha e na Grã-Bretanha: O papel das práticas de envolvimento dos trabalhadores e da partilha de informações

RESUMO

Esta investigação estabelece uma diferença entre o empenho no trabalho (*psicológico*) e as práticas de empenho dos trabalhadores (ou seja, o envolvimento dos trabalhadores e a partilha de informações), sugerindo ao mesmo tempo que estes sistemas de empenho estão relacionados entre si, através de um modelo de conservação de recursos e de recursos do trabalho. O empenhamento no trabalho é composto por três construtos primários, ou seja, vigor ou resiliência, absorção e dedicação emocional, que têm impacto no bem-estar dos trabalhadores no trabalho.

O estudo do sector das tecnologias da informação na Grã-Bretanha, na Alemanha e nos Estados Unidos sugere claramente que o empenho psicológico no trabalho é um conceito universal que está reciprocamente relacionado com a prática de envolvimento, em que a prática de envolvimento tem um impacto positivo no empenho psicológico no trabalho e vice-versa, porque o sector das tecnologias da informação proporciona o ambiente propício ou os recursos tangíveis para a adoção da prática de envolvimento dos trabalhadores.

As práticas de envolvimento dos trabalhadores são designadas neste documento como intangíveis organizacionais porque não podem ser medidas através de informação contabilística, mas contribuem com uma variação considerável para a produtividade da empresa. O estudo sugere que as práticas de envolvimento nos sistemas de trabalho de elevado desempenho têm um impacto único no envolvimento no trabalho no sector das TI.

Além disso, de acordo com a perspetiva do contexto institucional ou das variedades de capitalismo e de sistemas de estratégia empresarial, a prática de envolvimento não é universal, mas sim configurável, dependendo da estratégia empresarial do sector das TI e do contexto institucional que permite a prevalência de práticas de envolvimento ou de sistemas de compromisso.

O presente documento apresenta recomendações e um modelo de compromisso empresarial para o sector das TI no Reino Unido.

Agradecimentos

Agradeço à Universidade de Manchester, pela grande quantidade de informação disponibilizada para a redação deste livro. Agradeço ao Professor Jeremy Waddington, pelos seus comentários, orientações e conselhos valiosos. Espero que esta investigação tenha, de facto, uma essência.
Estou grato ao meu pai e à minha mãe, o Chefe e a Sra. John Ezenwafor, que fizeram todos os esforços para angariar fundos para os meus estudos académicos.
Estou de facto grato ao Chefe e à Sra. Raymond Okoye, Odu I de Ichida, Nigéria, que forneceram os fundos para o meu estudo de mestrado. Sem o vosso apoio, talvez não estivesse aqui.
Continuo grato ao meu tio e à minha tia, o Chefe e a Sra. Emmanuel Ezenwafor, cujo encorajamento de longa data continua a ser significativo para o meu sucesso e realização académicos.
Estou grata à minha querida amiga Rhia Strachan, que conheci no Reino Unido e que me despertou a atenção para um estudo sobre o envolvimento no trabalho. És, de facto, adorável e uma verdadeira amiga, Rhia, obrigada.
Sinto-me humilde com as orações e os votos de felicidade da minha família, amigos e entes queridos. Digo-vos, de facto, obrigado a todos.
Agradeço-lhe também a si, leitor.

Capítulo 1

INTRODUÇÃO

1.1 Contexto geral

> "Os líderes e gestores dos sectores público e privado [devem] pensar nas pessoas que trabalham para eles... Uma vez que a recuperação económica da Grã-Bretanha e as suas forças competitivas numa economia global serão construídas com base em empresas fortes e inovadoras e em empregados confiantes, nunca houve um momento tão importante para pensar sobre o envolvimento dos empregados [trabalho psicológico] na Grã-Bretanha" (Lord Mandelson (antigo) Secretário de Estado dos Negócios, Inovação e Competências citado em McLeod, e Clarke, 2009: 1).

O envolvimento ou a participação dos trabalhadores no mundo do trabalho é uma dicotomia dupla, vista como um modelo de abordagem ou de processo e como um modelo de atitude no trabalho (McLeod e Clarke, 2009). Em primeiro lugar, enquanto processo, Mcleod e Clarke (2009) afirmam que o envolvimento dos trabalhadores inclui um conjunto de práticas de gestão dos recursos humanos (GRH), tais como estruturas de gestão de equipas, formação e desenvolvimento e mecanismos de voz direta. Em segundo lugar, inclui também práticas e estruturas de participação no trabalho no âmbito das Relações Industriais (RI), como os comités mistos e de trabalho, os conselhos de empresa ou os mecanismos de voz sindical (Bryson, 2004; Cox et al. 2006).

A terceira definição de envolvimento tem a sua base na Psicologia, onde o envolvimento é um estado de vigor, dedicação e absorção relacionado com o trabalho (Bakker & Leiter, 2010). Em suma, enquanto o envolvimento psicológico no trabalho (PWE) se refere à relação do trabalhador com o seu trabalho, o envolvimento do trabalhador inclui a ligação entre a organização ou a política da organização, especialmente na prática do trabalho da organização; ver figura 1 abaixo para a estrutura do envolvimento (Bakker & Leiter, 2010). Estas áreas do conhecimento (RH, RI e Psicologia) concordam que o envolvimento dos trabalhadores é uma fonte de vantagem competitiva para as organizações, embora o âmbito seja diferente. A partir de estudos de caso, McLeod e Clarke (2009) forneceram evidências para o envolvimento como uma abordagem ou modelo de processo (e não) um modelo de trabalho de atitude de bem-estar no trabalho do empregado, por exemplo, na Fujitsu, o envolvimento foi descrito como um recurso de desenvolvimento de carreira; no Google, o envolvimento foi discutido como um recurso de comunicação. Por outras palavras, o modelo de abordagem enumerado por McLeod e Clarke (2009) não segue o domínio psicológico do envolvimento no trabalho em si, mas sim *os recursos do posto de trabalho* (ênfase acrescentada) que podem permitir o envolvimento no trabalho do trabalhador, ou seja, se esta relação existe. Os recursos do posto de trabalho são intangíveis ou práticas organizacionais ou sistemas de trabalho, tais como o desenvolvimento da carreira, o processo de comunicação e a cultura de trabalho, as práticas de envolvimento de tipo 1 e de tipo 2, etc., que têm impacto no desempenho dos trabalhadores (Bakker & Leiter, 2010). Além disso, os recursos do posto de trabalho incluem tangíveis organizacionais ou activos de capital, tais como capital de risco e sistemas informáticos, etc., que têm impacto na prática do trabalho empresarial (Dedrick et al., 2003). Por outras palavras, acredita-se que estes recursos laborais têm um impacto positivo no empenho dos trabalhadores no trabalho (Dedrick et al., 2003; Brynjolfsson et al., 2002; Bakker e Leiter, 2010).

FIGURA 1

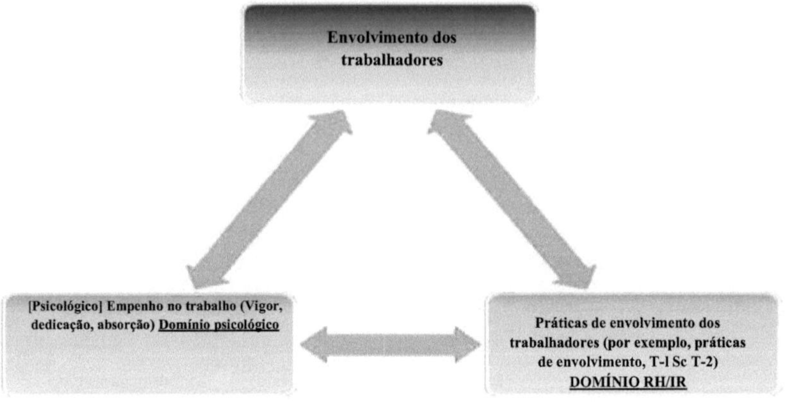

1.2 Fundamentação do estudo

A estrutura acima descrita implica que os psicólogos organizacionais se referem ao empenhamento dos trabalhadores na

O engagement no trabalho é um termo que se refere ao nível do trabalho, ou seja, à disposição psicológica dos trabalhadores ou à sua relação com o trabalho, e que se designa por envolvimento no trabalho (Bakker & Leiter, 2010). No entanto, neste artigo, o empenho no trabalho será referido e utilizado indistintamente como empenho psicológico no trabalho ou PTE, porque o empenho no trabalho envolve os três domínios da Psicologia, ou seja, cognição, afeto e comportamento, através das suas dimensões de absorção cognitiva, dedicação emocional e vigor ou resiliência comportamental. Assim, este documento referir-se-á ao envolvimento no trabalho como EPT.

Por outro lado, os profissionais de RH/TI referem-se ao envolvimento dos trabalhadores como práticas de envolvimento (sistemas de macroenvolvimento) ou políticas para as práticas de trabalho, tais como a partilha de informações, a participação no trabalho, a estratégia de formação e desenvolvimento e as práticas de envolvimento (McLeod & Clarke, 2009; Marchington & Wilkinson, 2008). No entanto, no presente documento, as práticas ou sistemas de envolvimento dos trabalhadores referir-se-ão e serão utilizados indistintamente com as práticas de envolvimento dos trabalhadores, ou seja, as práticas de envolvimento de tipo 1 (T-1) e de tipo 2 (T-2).

As práticas de envolvimento de tipo 1 são práticas de partilha de informações, tais como reuniões de equipa, reuniões regulares entre a direção e o pessoal ou boletins informativos regulares (Marchington & Wilkinson, 2008). Os sistemas de envolvimento de tipo 2 são os grupos de resolução de problemas, as equipas de projeto e os círculos de qualidade (Kaufman, 2003; Michie & Sheehan, 1999). Por outras palavras, a prática de envolvimento T-1 tem como núcleo a partilha de informações (Kandathil & Varman, 2007). Por outro lado, a prática de envolvimento T-2 tem como núcleo as redes de estruturas de equipa (Batt, 2004). Estas práticas de envolvimento dos trabalhadores têm sido designadas como recursos laborais intangíveis que não podem ser medidos através de informação contabilística, mas que, no entanto, contribuem com uma variação significativa e são necessárias para a produção total dos factores (Brynjolfsson et al., 1998). A essência deste documento consiste em teorizar uma relação entre o recurso intangível do posto de trabalho, ou seja, a prática do envolvimento dos trabalhadores no macro-envolvimento (T-1 & T-2) em relação ao empenho no trabalho (ou PWE) ou microempenhamento; ver quadro 1 abaixo para a distinção entre sistemas de macro e microempenhamento. O sector das TI servirá de ponto de partida para assumir esta relação.

QUADRO 1
QUADRO DOS SISTEMAS DE COMPROMISSO

	EMPENHAMENTO/ENVOLVIMENTO DOS TRABALHADORES	COMPROMISSO PSICOLÓGICO COM O TRABALHO
PRINCÍPIO	Empregado Prática de envolvimento no trabalho; processo de trabalho	Bem-estar dos trabalhadores; atitude no trabalho e comportamento no trabalho
CompOsição	Prática de envolvimento de tipo 1, por exemplo, percursos de partilha de informação Prática de envolvimento de tipo 2, por exemplo, grupos de resolução de problemas e círculos de qualidade Pode também incluir formação/desenvolvimento e prática de participação	Psicológico Dedicação Absorção Vigor
Domínio	Sistemas de nível macro da prática do trabalho organizacional	Sistemas de nível micro de motivações, comportamentos e padrões de trabalho dos trabalhadores
Estratégia	Práticas de trabalho específicas das organizações, orientadas pela direção, inimitáveis e competitivas Pode ser imitado, mas pode não ser totalmente funcional para outras organizações Os sistemas de envolvimento dos trabalhadores são práticas de trabalho independentes e podem coexistir com as políticas, mas não dependem delas	Determinado e co-variável por recursos organizacionais de trabalho, por exemplo, activos de capital, capital psicológico, por exemplo, auto-eficácia e emoções positivas, recursos pessoais, por exemplo, competências dos empregados e competências organizacionais suaves; bem-estar no trabalho e comportamento de trabalho competitivo específico dos indivíduos O empenhamento psicológico no trabalho coexiste com os recursos acima referidos e depende desses recursos; não é independente e não é transferível

1.3 Descrição do estudo

Este artigo parte do pressuposto de que a prática do envolvimento dos trabalhadores e a PTE estão reciprocamente relacionadas, de acordo com o modelo de conservação de recursos, em que ambos os sistemas de envolvimento se afectam mutuamente (Hobfoll, 2002). Este pressuposto será analisado criticamente pelas teorias fundamentais dos sistemas de emprego e das teorias do envolvimento no trabalho. A revisão geral da literatura irá delinear estes argumentos. A metodologia de investigação justificará a abordagem no sentido de investigar uma relação recíproca entre a prática de envolvimento e a EIP. O estudo pressupõe igualmente um alinhamento horizontal das práticas de participação ou de envolvimento no sector das TI, na sequência do princípio universalista dos sistemas de emprego, em que as práticas de envolvimento são consideradas universais (Delery & Doty, 1996). O estudo sugere, no entanto, que a prática do envolvimento depende de configurações institucionais como os sistemas de direito do trabalho, os sistemas de economia de mercado, os sistemas de capital de risco e de apoio financeiro e o padrão de formação de competências em três países: Grã-Bretanha, Alemanha e Estados Unidos. Sugere-se que estes sistemas de configuração institucional sejam responsáveis pelas diferenças observadas nas práticas de envolvimento prevalecentes no sector das tecnologias da informação nos países em estudo. Após a análise do sector contextual das TI e das configurações institucionais, a secção final sugere um modelo para o envolvimento das empresas no sector das TI na Grã-Bretanha. Em resumo, o estudo redefine o conceito de envolvimento dos trabalhadores como uma prática de macroenvolvimento que permite que os trabalhadores se empenhem no trabalho, em condições de um ambiente propício.

1.4 Questões de investigação

As seguintes questões orientam o presente documento:

1) . Como é que a prática de envolvimento dos trabalhadores e a partilha de informações se relacionam com o empenho no trabalho?
2) . De que forma o envolvimento no trabalho depende das instituições nacionais e da estratégia empresarial, especificamente no sector das TI na Grã-Bretanha, Alemanha e EUA?
3) . Como é que o compromisso no trabalho depende das caraterísticas do sector organizacional, por exemplo, bens de capital de TI, práticas de trabalho descentralizadas e práticas de envolvimento na indústria das tecnologias da informação?
4) . O que é que propõe um efeito de globalização para o compromisso no trabalho?
5) . Podemos identificar modelos teóricos de envolvimento no trabalho para a prática empresarial?

1.5 Objectivos da investigação

O objetivo desta investigação é desenvolver um modelo teórico do empenho psicológico no trabalho e da prática de envolvimento/partilha de informações, utilizando o sector das TI como ponto de partida para assumir qualquer relação. A intenção é recomendar uma teoria que possa ter impacto no envolvimento no trabalho no sector das TI na Grã-Bretanha, em comparação com as indústrias de tecnologias da informação da Alemanha e dos EUA. Esta hipótese baseia-se no facto de a indústria britânica de computadores ou de tecnologias da informação ter sido criticada por ser improdutiva em comparação com as indústrias de tecnologias da informação da Alemanha e dos Estados Unidos (Clegg et al., 1997; Arundel et al., 2007).

Embora o envolvimento dos trabalhadores e a partilha de informações sejam aspectos dos sindicatos, este documento não aprofunda as estruturas de participação no trabalho dos sindicatos no sector das TI nos países em estudo devido à falta de disponibilidade de material de investigação. No entanto, o objetivo deste documento é sugerir como os sindicatos podem ter impacto num modelo de participação no trabalho. O presente documento é de natureza descritiva e descreve a prática de envolvimento e o padrão de partilha de informação prevalecentes no sector das TI. A intenção deste objetivo é testar um sistema teórico universal de práticas de envolvimento no sector das TI (Delery e Doty, 1996). Este documento descreve a forma como os sistemas de estratégia empresarial, as práticas de trabalho descentralizadas, as configurações institucionais internas, tais como uma variedade de sistemas de capital de risco e de apoio financeiro, etc., afectam o empenho no trabalho.

Devido à falta de acesso às organizações de TI, este estudo recorre a uma investigação documental para incorporar estes objectivos.

Capítulo 2

2. REVISÃO GERAL DA LITERATURA

A secção 2.1 considera as teorias de RH dos sistemas de macroenvolvimento, ou seja, a prática de envolvimento dos trabalhadores e a partilha de informações, porque são construções de sistemas de trabalho de elevado desempenho (HPWS). É importante compreender os fundamentos teóricos da prática de envolvimento que se sugere ter impacto no empenhamento no trabalho.

A secção 2.2 analisa a ligação concetual entre os sistemas de emprego e o desempenho e afirma que esta ligação oculta as teorias motivacionais, psicológicas (paradigma da caixa negra) ou o micro sistema de envolvimento. Por outras palavras, a secção 2.2 sugere que as teorias existentes sobre os sistemas de emprego não são suficientes para explicar o desempenho das empresas, ocultando assim as teorias motivacionais que são responsáveis pelo desempenho das empresas.

A Secção 2.3 descreve os princípios do envolvimento psicológico no trabalho, sugerindo assim que as teorias psicológicas medeiam a relação sistema de emprego - desempenho da empresa. A Secção 2.4 descreve o quadro do sistema de emprego da globalização proposto por Delery e Doty (1996); esta abordagem é sugerida para confirmar o constructo do envolvimento psicológico no trabalho no sector das TI e a sua possível viabilidade em três países: Estados Unidos, Grã-Bretanha e Alemanha.

2.1 Teoria dos sistemas de recursos humanos (RH)

A essência desta secção é sublinhar as teorias do HPWS que incluem a prática de envolvimento dos trabalhadores.

O envolvimento dos trabalhadores através da prática de participação dos trabalhadores e da partilha de informações faz parte de um conjunto de práticas de RH que se acredita terem o potencial de contribuir para melhorar as atitudes dos trabalhadores e para níveis elevados de produtividade organizacional, a chamada GRH de elevado empenho (Marchington & Wilkinson, 2008). Acredita-se que, através de uma modelação aditiva ou sinérgica e de mecanismos de gestalt, uma série de práticas de RH interligadas pode ter mais impacto. No entanto, persistem dúvidas sobre estes pacotes de elevado empenho, sobre a sua suposta sinergia, sobre a sua atratividade para a força de trabalho e a sua composição, e sobre a sua aplicabilidade universal devido às diferenças entre os pacotes, às elites políticas, às diferenças institucionais sectoriais e nacionais (Marchington & Wilkinson, 2008; Wall & Wood, 2005). Outro modelo de sistemas de RH baseia-se em análises de melhor ajuste ou de contingência e configuração, no pressuposto de que os sistemas de RH são únicos para a organização e o seu contexto externo, em vez de um sistema universal de GRH (Marchington & Wilkinson, 2008). Assim, sugerindo que as práticas de envolvimento são melhor consideradas como configurações, em vez de um sistema universal ou global.

A próxima secção abordará as teorias fundamentais que relacionam os sistemas de emprego com o desempenho, estabelecendo o pressuposto de que estes sistemas mascaram o empenho psicológico no trabalho.

2.2 RH e RI-Teoria dos sistemas de desempenho

A essência desta secção é considerar a relação teórica entre os sistemas de RH e RI e o desempenho. Esta relação mascara as teorias motivacionais, psicológicas (o paradigma da caixa negra) ou o sistema de micro-compromisso para o desempenho da empresa. Esta secção abordará a relação entre os sistemas micro e macro de envolvimento que têm impacto no desempenho das empresas. Destacará as teorias dos sistemas de emprego que são orientadas para o trabalhador, para a estratégia empresarial e para o contexto institucional. Estas três orientações teóricas têm um impacto significativo no engagement no trabalho ou PWE.

A abordagem das relações industriais aos sistemas de emprego e ao desempenho da empresa adopta uma perspetiva económica contingente ou o que Hyman (1975) sugeriu como um processo da economia política do trabalho assalariado (Frege et al., 2011; Kaufman, 2010). Em vez de considerar os sistemas de alto desempenho no trabalho como um modelo universal para o desempenho da empresa, a aplicação de sistemas de emprego, principalmente a prática de envolvimento dos trabalhadores e a partilha de informações, dependem de pressupostos de transação de custos (Coase, 1937 citado em Kaufman, 2010). Por outras palavras, os sistemas de transação de custos, baseados ou não em princípios de negociação, determinam os estilos de emprego no sentido da adoção de um sistema de emprego de mercado/mercadoria (ou seja, emprego flexível quando o custo de transação é zero) ou de um sistema de emprego coordenado/de boa vontade (ou seja, emprego estável quando o custo de transação aumenta). O sistema de emprego de mercadorias segue a tipologia do mercado de trabalho externo, enquanto o sistema de emprego de boa vontade segue a tipologia do mercado de trabalho interno (Kaufman, 2010). A ênfase é colocada nas forças institucionais contingentes como determinantes de um sistema de emprego centralizado ou descentralizado, por exemplo, a tese da contingência assume que "em média, os trabalhadores respondem mais eficazmente aos incentivos monetários [e, portanto, à necessidade de negociação colectiva] do que a qualquer outra intervenção motivacional de RH ou teoria do emprego" (Rynes

et al., 2004 citado em Kaufman, 2010). A negociação colectiva é, assim, um fator de vantagem competitiva, de acordo com a tese dos sistemas de desempenho das RI.
Por outro lado, algumas teorias de RH que definem uma ligação ao desempenho são a teoria baseada nos recursos do capital humano, a contingência e os quadros de configuração. A teoria do capital humano afirma que os trabalhadores são valiosos porque possuem os conhecimentos, as competências e as capacidades de que as empresas necessitam e, por conseguinte, as empresas investirão no potencial dos trabalhadores para um desempenho empresarial bem sucedido (Truss, 2001). Esta teoria defende que um conjunto de práticas de recursos humanos exclusivas de uma organização constitui uma vantagem competitiva sustentada, especialmente se o conjunto de capital humano for caracterizado por um comportamento de cidadania e uma maior capacidade cognitiva em comparação com outras empresas (Truss, 2001). É importante, no entanto, não negligenciar as forças políticas e institucionais externas que também constituem uma vantagem competitiva sustentada. No entanto, a tónica é colocada no facto de os trabalhadores serem os motores da vantagem competitiva.
O quadro contingencial explica que o impacto da GRH no desempenho da empresa é mediado pela estratégia empresarial, pelo que as políticas e práticas de RH devem alinhar o comportamento dos trabalhadores com uma estratégia empresarial específica, por exemplo, sistemas inovadores ou sistemas defensores para um desempenho eficiente da empresa (Miles e Snow, 1978). No entanto, é difícil manter uma determinada estratégia empresarial devido a forças ambientais que ultrapassam os sistemas organizacionais (Truss, 2001, Rubery & Grimshaw, 2003). No entanto, a ênfase aqui é colocada na estratégia empresarial específica das organizações que servem como motores de vantagem competitiva.
O quadro de configuração explica que os sistemas de RH devem ser agrupados para a prática organizacional, porque as práticas de RH agrupadas se inter-relacionam numa forma gestáltica, em vez de em partes funcionais. No entanto, as práticas agrupadas podem não ser universais ou transferíveis, devido à dependência do percurso nacional/organizacional e à lógica institucional (Marchington & Wilkinson, 2008; Truss, 2001). Por outras palavras, os sistemas agregados ou as configurações de práticas de RH não são universalmente aplicáveis a todos os sistemas nacionais de emprego, por exemplo, o sistema de emprego de flexibilidade laboral dos EUA pode não se aplicar ao sistema de emprego alemão devido ao sistema de codeterminação existente na Alemanha.
As orientações dos sistemas de emprego acima referidas são perspectivas macro-teóricas. Argumenta-se, no entanto, que a ligação entre os sistemas de RH e o desempenho da empresa deve ser psicologicamente motivada a partir das teorias do comportamento organizacional, porque os sistemas de RH, quando mediados por construções psicológicas (numa equação estratégia - resultado), influenciam as motivações dos trabalhadores e, consequentemente, as suas atitudes e comportamentos, que podem ser estáticos, destrutivos ou proactivos para o desempenho da empresa (Boselie et al., 2005). Em suma, em vez de relacionar os sistemas de RH com o desempenho organizacional, alguns investigadores defendem que os sistemas de RH devem estar relacionados com as atitudes e os resultados comportamentais no trabalho, porque as atitudes dos trabalhadores e os resultados no trabalho, de acordo com o modelo 'AMO' (capacidade, *motivação* e oportunidade) (ênfase acrescentada), medeiam a relação entre os sistemas de RH e o desempenho da empresa (Appelbaum et al., 2000; Boselie et al, 2005).
Por outras palavras, as teorias motivacionais e psicológicas podem explicar a ligação entre os sistemas de RH e o desempenho das empresas dos trabalhadores. Por exemplo, pode ser que o envolvimento psicológico no trabalho seja a base para um desempenho bem sucedido dos trabalhadores na empresa, ou seja, seguir a ideologia dos sistemas de emprego. Assim, neste artigo, são investigadas as teorias motivacionais e psicológicas que ligam a prática de envolvimento dos trabalhadores (PEI) e a partilha de informações ao empenho no trabalho, o que, em 1997, foi sugerido por Guest que o rigor teórico deve [sempre] sustentar a investigação empírica (Marchington & Wilkinson, 2008).
Os temas abordados até agora na secção 2 e os seus subtemas são os sistemas de envolvimento dos trabalhadores, na sequência da modelação do HPWS, e a modelação das relações industriais/economia institucional. A próxima secção abordará a modelação do envolvimento psicológico no trabalho.

2.3 Teorias psicológicas do empenhamento no trabalho

A essência desta secção é considerar modelos de envolvimento psicológico no trabalho, sugerindo assim um modelo subjacente que relaciona o EPT com os recursos do posto de trabalho (ou seja, intangíveis e tangíveis dos recursos do posto de trabalho). A Secção 2.3.1, que utiliza o modelo de recursos de procura de emprego (JD-R), defende que os recursos do posto de trabalho motivam o empenho no trabalho e que o empenho no trabalho, como resultado de recursos suficientes no posto de trabalho, modera as exigências do posto de trabalho.
A secção 2.3.2, que utiliza o modelo "alargar e construir" (BAB), defende que os recursos do posto de trabalho

criam emoções positivas que geram o empenho no trabalho. A secção 2.3.3, que utiliza um modelo de conservação de recursos (COR), defende que os recursos do posto de trabalho ajudam os trabalhadores a obter mais recursos, alargando a iniciativa pessoal e a criatividade.

É importante para a análise do contexto defender o compromisso no trabalho a partir das teorias motivacionais sugeridas pelo modelo *AMO*, (ênfase acrescentada) porque a força de trabalho aplica competências tácitas e tem poder discricionário (Appelbaum et al., 2000).

O envolvimento psicológico no trabalho é a perceção dos trabalhadores de que o trabalho merece a sua energia (Bakker & Leiter, 2010). Os psicólogos organizacionais sugeriram que as fontes do empenho no trabalho podem ser os estilos de liderança, as estruturas organizacionais e a gestão de recursos humanos; forças sociais mais amplas, como as forças políticas, legais, educativas e outras forças institucionais, também podem ser significativas para o empenho no trabalho (Bakker & Leiter, 2010). Por outras palavras, as respostas dos trabalhadores às políticas, práticas e estruturas organizacionais afectam o seu potencial de engagement no trabalho (Bakker & Leiter, 2010). As teorias motivacionais proeminentes do envolvimento psicológico no trabalho são um modelo de recurso de procura de emprego (JD-R) e a teoria de alargamento e construção (BAB) de emoções positivas, juntamente com algumas teorias motivacionais de apoio.

2.3.1 Modelo de recursos de procura de emprego (JD-R)

Os psicólogos organizacionais afirmam que o esgotamento profissional resulta de um desequilíbrio entre as exigências a que os trabalhadores estão expostos e os recursos (laborais, psicológicos e físicos) de que dispõem. Se estes recursos forem limitados, os trabalhadores relatam stress no trabalho e intensificação do trabalho (Hakanen et al, 2006; Hakanen & Roodt, 2010; Godard, 2004). Uma vez que os trabalhadores aplicam esforços cognitivos e emocionais no trabalho, as exigências do trabalho que excedem os recursos dos trabalhadores estão associadas a custos fisiológicos e/ou psicológicos, como o esgotamento e a fadiga (Schaufeli & Bakker, 2004; Hakanen & Roodt, 2010; Demerouti et al., 2001).

As exigências do trabalho vão desde a pressão do tempo e do trabalho até à ambiguidade/conflito/sobrecarga de papéis (Hakanen & Roodt, 2010). Por outro lado, os recursos do trabalho são condições de trabalho, aspetos físicos, fisiológicos, sociais/organizacionais do trabalho que: "1) reduzem as exigências do trabalho e o seu custo, 2) funcionam para atingir os objectivos do trabalho, 3) estimulam o crescimento pessoal, a aprendizagem e o desenvolvimento" (Hakanen & Roodt, 2010). Os recursos do trabalho existem a nível organizacional (oportunidades de carreira, salário, segurança no emprego); a nível interpessoal e social (apoio do supervisor e dos colegas de trabalho); a nível da tarefa (variedade de competências e autonomia no trabalho); e a nível do trabalho (participação na tomada de decisões e estruturas de equipa) (Bakker et al, 2004; Hakanen & Roodt, 2010).

O pressuposto do modelo JD-R é que um recurso de trabalho rico, em combinação com exigências de trabalho elevadas ou baixas, conduz a um processo motivacional positivo que promove o empenho no trabalho (Schaufeli & Bakker, 2004; Bakker & Demerouti, 2007; Hakanen & Roodt, 2010). Por outras palavras, os recursos do trabalho motivam a dimensão emocional do empenho no trabalho (dedicação), a dimensão cognitiva do empenho no trabalho (absorção) e a dimensão comportamental do empenho no trabalho (vigor) (Bakker et al., 2010). Assim, enquanto as exigências do trabalho podem estar relacionadas com resultados adversos para a saúde, mediados pelo esgotamento e pelo stress no trabalho, os recursos do trabalho podem estar relacionados com os resultados positivos do empenho e do desempenho dos trabalhadores, mediados pelo empenho psicológico no trabalho (Hakanen & Roodt, 2010).

O diagrama que se segue (figura 2) apoia este pressuposto de que os recursos do posto de trabalho, ou seja, os tangíveis e os intangíveis, estão positivamente relacionados com o empenho no trabalho e que a existência de recursos suficientes no posto de trabalho pode moderar o relatório dos trabalhadores sobre o esgotamento e o stress. Os recursos laborais tangíveis, físicos ou reais do sector das TI são os bens informáticos, o capital de risco, etc., enquanto os recursos laborais intangíveis são as práticas de envolvimento e as HPWS (Brynjolfsson et al., 1998). Por conseguinte, é importante investigar os recursos laborais físicos e não físicos no sector das TI que motivem o empenho no trabalho e moderem as exigências laborais.

FIGURA 2

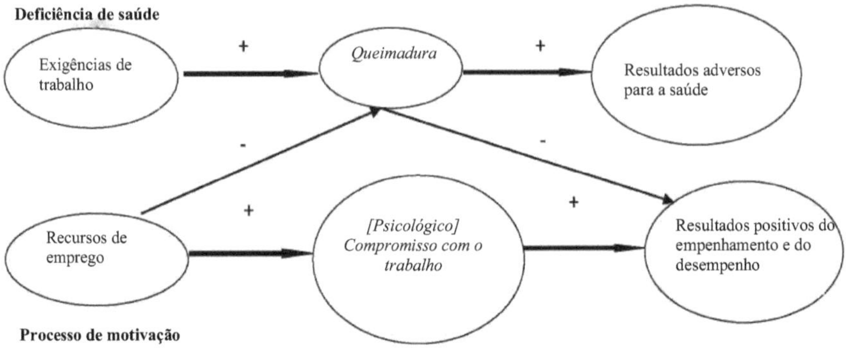

(Fonte: Hakanen & Roodt, 2010)

2.3.2 Modelo alargar e construir (BAB)

No início, o empenho psicológico no trabalho foi identificado como compreendendo três constructos, emocional (dedicação), cognitivo (absorção) e comportamental (vigor) (Bakker & Leiter, 2010). O princípio do empenho psicológico no trabalho é que estes constructos são fomentados por emoções positivas (Fredrickson, 2000; Hakanen & Roodt, 2010). As emoções positivas do empenho psicológico no trabalho são o entusiasmo, o sentimento de orgulho e a perceção de felicidade enquanto se trabalha (Schaufeli & Bakker, 2003). Estas emoções positivas derivam dos recursos do trabalho enumerados no modelo JD-R; estes recursos promovem a motivação extrínseca no trabalho, porque reduzem as exigências do trabalho e são funcionais para atingir os objectivos do trabalho, mas também são intrinsecamente motivadores, porque satisfazem as necessidades humanas básicas de competência, autonomia e auto-desenvolvimento (Hakanen & Roodt, 2010; Van den Broeck et al., 2008).

A tese de alargar e construir pressupõe que as motivações das emoções positivas expandem os repertórios momentâneos de pensamento-ação dos trabalhadores (Isen et al., 2000, 2002; Leiter & Bakker, 2010). Assim, uma mente racional alargada estimula a vontade de jogar, experimentar e fazer experiências, o que promove a iniciativa criativa e pessoal em tarefas formais e informais (Hakanen & Roodt, 2010). Por exemplo, Fredrickson e Losada (2005) teorizaram que, quando o rácio entre as emoções positivas e negativas dos gestores é relativamente elevado durante as reuniões de trabalho, estes estão mais empenhados nas reuniões de trabalho.

A tónica é colocada no facto de as emoções positivas derivarem dos *recursos do trabalho* (*ênfase acrescentada*) no modelo JD-R, o que conduz ao empenho no trabalho, através do vigor, da dedicação e da absorção. Com o tempo, o envolvimento psicológico no trabalho conduz a um funcionamento e criatividade óptimos para a eficácia organizacional. As emoções positivas, em vez de serem disposicionais (por exemplo, afetividade positiva), são também específicas do contexto da corporação, desde que os recursos do posto de trabalho que encorajam estas emoções positivas estejam disponíveis para aproveitar o empenho no trabalho (Schaufeli & Bakker, 2010).

[st]A tese de alargamento e construção do envolvimento psicológico no trabalho propõe que as emoções positivas vão para além da afinidade dos trabalhadores com o compromisso organizacional, mas alteram os processos cognitivos e acrescentam valor às empresas na economia da informação/serviços do século XXI (Leiter & Bakker, 2010).

2.3.3 Modelo de conservação dos recursos

O teorema da preservação dos recursos pressupõe que os trabalhadores com mais recursos (ou seja, recursos do posto de trabalho e bem-estar psicológico) são menos vulneráveis à perda de recursos e mais capazes de os ganhar, pelo que têm a capacidade de alargar a iniciativa pessoal e a criatividade (Hobfoll, 2002; Fredrickson, 2000; Hakanen & Roodt, 2010; Leiter & Bakker 2010). Os trabalhadores empenhados, dotados dos recursos de trabalho necessários do modelo JD-R, estarão mais motivados para criar novos recursos de mestria e iniciativa, em vez de perderem recursos (Hobfoll, 2002).

2.4 Tese da globalização Convergência/Divergência

A essência desta secção é sublinhar um modelo teórico do debate sobre a globalização para as secções seguintes, porque o envolvimento psicológico no trabalho pode ser um quadro universal, por um lado, ou dependente de um recurso de trabalho configurado, por outro, ou pode ser determinado por um quadro institucional.

Globalmente, independentemente do avanço tecnológico, os profissionais de RH, RI e comportamento organizacional vêem a força de trabalho como determinante de sistemas de trabalho de desempenho bem sucedido, porque os empregados têm poder discricionário (Marchington & Wilkinson, 2008). Assim, a tendência contemporânea num mundo globalizado é envolver os trabalhadores no desempenho dos resultados, através de modelos rígidos e flexíveis, com vista a um balanced scorecard dos sistemas de emprego (Marchington & Wilkinson, 2008). Na sequência da tese da estratégia-estrutura de Chandler, a globalização tem visto as poderosas multinacionais (MNC) como actores-chave na transferência de sistemas de emprego (Chandler, 1962). Além disso, na sequência da hipótese da estratégia fundamental de Whittington, o debate sobre a globalização, no entanto, tem enfatizado a relação entre factores contextuais, tais como o capitalismo de bem-estar, a educação e os sistemas de formação como determinantes das estruturas de emprego (Marchington & Wilkinson, 2008: 16; Rubery e Grimshaw, 2003).

Para além disso, a estratégia de globalização dos sistemas de emprego é debatida por três escolas teóricas, universais, culturais e institucionais (Marchington & Wilkinson, 2008; Rubery & Grimshaw, 2003). Os Universalistas defendem que existe uma única forma de globalização dos sistemas de emprego (e.g. Japanização); os Culturalistas afirmam que os sistemas de emprego funcionam como culturas nacionais; os Institucionalistas afirmam que os sistemas de emprego são configurações institucionais de sistemas nacionais (Rubery & Grimshaw, 2003). Seguindo um princípio de mercado capitalista, os Universalistas são famosos por uma ideologia de que os sistemas de emprego devem seguir uma estratégia global de um modelo de melhores práticas (por exemplo, a prática de elevado envolvimento da soft HRM) ou uma melhor forma (por exemplo, o modelo americano de hard HRM) para os sistemas de emprego (Marchington & Wilkinson, 2008; Rubery & Grimshaw, 2003). Por exemplo, as campanhas para uma transferência global dos sistemas de RH japoneses, como a produção optimizada, a redução das diferenças de estatuto e os símbolos igualitários. No entanto, na sequência do quadro institucional dinâmico, é difícil obter consenso nos sistemas de RH para além das fronteiras organizacionais e nacionais (Rubery & Grimshaw, 2003).

Além disso, Delery e Doty (1996) sugeriram a aplicação das perspectivas do universalismo, da contingência e do quadro de configurações na construção de teorias e na análise empírica. Por outras palavras, estas abordagens devem ser utilizadas para testar o conceito de envolvimento psicológico no trabalho. A tese da convergência sugere que a via para o envolvimento psicológico no trabalho pode ser universal ou configuracional; por outro lado, a hipótese da divergência sugere que a via para o envolvimento psicológico no trabalho pode ser contingente, ou seja, dependente da estratégia, do sector organizacional, da região/nação ou das forças institucionais (Delery e Doty, 1996). [st]No entanto, a via mais rentável para uma força de trabalho psicologicamente empenhada (ou seja, a via convergente versus a via divergente) conduzirá à tese de alargar e construir (BAB) para os trabalhadores no século XXI, tal como sugerido por (Fredrickson, 2000). Por outras palavras, a via convergente sugere que as práticas de envolvimento do tipo 1 (T-1) e do tipo 2 (T-2) são universais e globais para apoiar o empenho no trabalho, enquanto a via divergente indica que as práticas T-1 e T-2 são contingentes para apoiar o empenho no trabalho. É possível que as práticas de envolvimento com impacto na EIP sejam universais, como propõem os "Universalistas", ou que os "Institucionalistas" tenham razão em sugerir que as práticas de envolvimento podem não afetar universalmente a EIP.Nos capítulos seguintes, será abordada a tese da globalização dos sistemas teóricos de Delery e Doty (1996) sobre o envolvimento psicológico no trabalho, mas, em primeiro lugar, será discutido o debate da perspetiva geral ou macro (sistemas de RH e RI) sobre os sistemas de envolvimento, ou seja, a prática do envolvimento dos trabalhadores.

Capítulo 3

3. ANÁLISE COMPARATIVA DOS COMPROMISSOS

Esta secção aborda os debates sobre os grandes sistemas macro de participação; o objetivo principal é mostrar que os sistemas macro de participação mascaram, enfatizam ou não consideram a participação psicológica no trabalho nos debates.

3.3 Macro sistemas de envolvimento: Práticas de envolvimento dos trabalhadores

Os debates sobre o macrocompromisso descritos a seguir foram relatados em vários estudos sectoriais realizados na Grã-Bretanha (por exemplo, Bryson, 2004; Bryson et al., 2006); Estados Unidos (por exemplo, Kaufman, 2003); Índia (por exemplo, Kandathil & Varman, 2007); e China (por exemplo, Park et al., 2010). As discussões dos estudos revelam que os sistemas de macro-compromisso são debatidos internacionalmente entre os profissionais de RH e de RI. Os estudos concordam que os sistemas de macro-compromisso estão relacionados com os resultados dos trabalhadores e o desempenho da empresa. No entanto, não investigam a via psicológica para o desempenho dos trabalhadores. Assim, estudos empíricos sobre sistemas de micro-compromisso (compromisso psicológico no trabalho) numa série de profissões e países tentam colmatar esta lacuna.

As tendências actuais nas relações de trabalho revelam que há uma mudança da voz sindical para mecanismos de voz direta, talvez resultante de uma mudança da orientação da produção para a orientação dos serviços e/ou da mudança da negociação colectiva para relações de trabalho descentralizadas (Bryson, 2004; Gill & Krieger, 1999).

O sistema de envolvimento macro (RH & RI) foi designado neste documento como prática de envolvimento dos trabalhadores e o debate sobre o seu processo continua entre os profissionais de RH e RI (Bryson, 2004; Cox et al. 2006; Kaufman, 2003; Marchington & Wilkinson, 2008). A prática do envolvimento dos trabalhadores inclui métodos diretos e indirectos de envolvimento dos trabalhadores (Marchington & Wilkinson, 2008). Além disso, os profissionais dos sistemas de emprego afirmam que o envolvimento dos trabalhadores tem como elemento central a partilha de informações (Kandathil & Varman, 2007). Por outras palavras, o envolvimento dos trabalhadores depende do sentimento de que a informação que os trabalhadores consideram crítica é partilhada com eles. Pressupõe-se, no entanto, que a instrumentalidade da partilha de informações tem percepções diferentes por parte da direção e dos trabalhadores. Enquanto a gestão pode ver a partilha de informações como um ciclo instrumental para envolver os trabalhadores, os trabalhadores vêem a partilha de informações como um ciclo institucional baseado na confiança no processo de envolvimento (Kandathil & Varman, 2007).

Alguns argumentam que as práticas de envolvimento direto dos trabalhadores têm por objetivo afastar os sindicatos e partem do princípio de que os gestores utilizam essas práticas para contornar os sindicatos (Marchington & Wilkinson, 2008; Kessler et al., 2004). Por exemplo, Batt (2004) referiu que os quadros superiores das indústrias de telecomunicações no Reino Unido se sentiam ameaçados pelas práticas de envolvimento direto dos trabalhadores e, por conseguinte, tinham pouca perceção da segurança do emprego. No caso dos sindicatos, é possível que também se sintam ameaçados pela prática do envolvimento direto dos trabalhadores devido à incerteza quanto à segurança do emprego. No entanto, ao contrário do que se pensa, há quem refira que a prática do envolvimento dos trabalhadores beneficia os sindicatos, por exemplo, no sector das telecomunicações (Batt, 2004). Os sindicatos apoiam as práticas de envolvimento direto, como as equipas autogeridas, porque melhoram as condições de trabalho e a segurança do emprego dos membros envolvidos (Johnstone et al., 2010; Batt, 2004). Além disso, um estudo realizado à escala europeia revelou que os conselhos de empresa e os representantes sindicais eram, na maioria dos casos, agentes de mudança que favoreciam as práticas de voz direta (Gill e Krieger, 1999). É debatido que, embora os métodos de voz direta possam conduzir a uma melhoria das atitudes e do desempenho dos trabalhadores, podem implicar uma intensificação do trabalho e níveis de stress mais elevados (Marchington & Wilkinson, 2008; Dundon et al., 2004). Os profissionais das relações laborais e dos sistemas de emprego têm afirmado que a melhoria da comunicação e da consulta, especialmente para a partilha de informações, é uma forma poderosa de provocar mudanças nas atitudes e no comportamento dos trabalhadores, como o empenho organizacional (Kessler, 2004; Park et al., 2010).

Em suma, os sistemas de macro-envolvimento incluem os sistemas de RH de práticas de envolvimento direto e indireto; e o sistema de RI de participação e consulta sindical (Marchington & Wilkinson, 2008; Bryson, 2004; Kaufman, 2003). Os teóricos do sistema de RI defendem que as práticas de envolvimento direto e indireto são práticas de envolvimento de baixo nível e incluem grupos de discussão, equipas de projeto, círculos e comités de qualidade, esquemas de sugestões e grupos de resolução de problemas e boletins informativos regulares. São designadas de baixo nível porque são orientadas pela direção e dependem de compensações e recompensas (Kaufman, 2003; Marchington & Wilkinson, 2008). Por outro lado, as práticas de envolvimento efetivo dos trabalhadores incluem a representação sindical, os comités formais conjuntos das fábricas, a representação da direção dos trabalhadores e os conselhos de empresa eleitos. Presume-se que estas práticas de envolvimento são qualitativamente diferentes porque implicam dar aos trabalhadores um maior acesso a informações empresariais exclusivas e em tempo real, e também implicam delegar um poder de decisão mais significativo aos trabalhadores (Kaufman, 2003).

O profissional de RH conta uma história diferente. A teoria universal ou global da prática de envolvimento dos trabalhadores defende que a melhor forma de energizar os trabalhadores ou de os alinhar com as organizações ou de suscitar atitudes de trabalho positivas, como o empenho, é através da prática de envolvimento dos sistemas de RH, ou seja, da prática de envolvimento direto e indireto (Bryson, 2004; Bryson et al., 2006). Por outro lado, a tese da configuração das práticas de envolvimento dos trabalhadores pressupõe que uma combinação de práticas de envolvimento sindical e direto/indireto terá um impacto mais positivo (Bryson, 2004; Cox et al., 2006). A lógica do pressuposto da configuração é que, para além de satisfazer necessidades psicológicas de ordem superior, como a criação de um vínculo emocional organizacional, o respeito e a auto expressão dos trabalhadores, os trabalhadores com uma variedade de mecanismos de voz terão mais oportunidades de resolver problemas que criam insatisfação (Park et al., 2010; Cox et al., 2006). Por exemplo, partiu-se do princípio de que a aplicação da consulta conjunta, juntamente com esquemas de sugestões, pode ajudar a resolver problemas melhor do que a utilização de qualquer uma das duas formas separadamente (Cox et al., 2006). Na ausência de métodos colectivos de representação, é provável que os trabalhadores considerem as formas diretas menos úteis, o que sugere a existência de um mecanismo complementar entre a voz sindical e a voz direta/indireta (Kessler et al., 2004; Cox et al., 2006).

Bryson (2004), utilizando os dados do WERS de 1998, testou as teses gerais e de configuração da voz direta/indireta e da voz sindical, propondo que estas práticas de envolvimento se complementam para a capacidade de resposta da gestão. Descobriu que as percepções dos trabalhadores sobre a capacidade de resposta da gestão eram melhores nas organizações com voz não sindicalizada do que entre os trabalhadores com voz sindicalizada. Acreditava-se que a ação sindical colectiva gerava insatisfação devido a um mecanismo de reclamação induzido (Bryson, 2004). O efeito de tese complementar e de substituição da voz direta e da voz sindical mostrou que, mais do que a voz sindical, a voz direta estava associada a uma melhor partilha de informação e consulta, e também estava relacionada com as percepções dos trabalhadores quanto a um tratamento justo por parte da gestão; foi apenas a combinação da voz direta e da voz do representante não sindical que esteve associada a melhores percepções da capacidade de resposta da gestão (Bryson, 2004). Assim, o estudo sugeriu que a voz do sindicato criava mais ruído e insatisfação dos trabalhadores do que a tentativa de fazer cumprir o acordo processual e o tratamento justo; assim, as reuniões de toda a força de trabalho são mais eficientes (Bryson, 2004). Outros estudos, porém, referem que a prática de envolvimento dos trabalhadores tem um impacto positivo no desempenho em locais de trabalho sindicalizados (Cooke, 1994 citado em Park et al., 2010: 227). Num estudo sobre os dados do WERS de 1998, descobriu-se que os trabalhadores que experimentam níveis mais elevados de participação representativa têm maior influência sobre os resultados do trabalho (Delbridge & Whiffield, 2001 citado em Cox et al., 2006).

O debate sobre os sistemas de macro-envolvimento também tem prosseguido em relação à produtividade. Por exemplo, é referido que existe uma relação positiva entre boas práticas de informação e consulta da atividade sindical e a produtividade se os sindicatos e os empregadores estiverem em parceria. Por outro lado, parte-se do princípio de que, devido à negociação colectiva, existe uma relação negativa significativa entre a atividade sindical e a produtividade, o que leva a supor que a voz direta é superior à negociação colectiva tradicional e tem mais probabilidades de aumentar a produtividade (Pfeffer, 1994; Metcalf, 2003b; Bryson et al., 2005 citado em Bryson et al, 2006).

A essência destes debates acima referidos consiste em sublinhar o facto de que estes sistemas de macro-envolvimento, embora debatidos, têm sido relacionados com os resultados dos trabalhadores, como o empenho e a satisfação no trabalho, e também com a produtividade da empresa (Cox et al., 2006; Bryson et al., 2006). No entanto, estes relatórios empíricos não indicaram o princípio psicológico subjacente às orientações para os resultados, que foi sugerido para uma investigação mais aprofundada (Appelbaum, et al., 2000). A próxima secção abordará as provas empíricas do empenho psicológico no trabalho.

3.4 Sistema de micro-compromisso: Compromisso psicológico no trabalho

Não deve ser uma surpresa que o envolvimento psicológico no trabalho (PTE) possa levar a aumentos na produtividade da empresa, porque os funcionários podem usar vários graus de si mesmos, física, cognitiva e emocionalmente, nas funções que desempenham (Kahn 1990 citado em Bakker &Leiter, 2010). O Quadro 2 revela a lógica subjacente à EIP (Schaufeli e Bakker, 2010, forneceram mais provas que contrastam a filosofia da EIP com outros constructos psicológicos relacionados).

QUADRO 2
CONTRASTAR O EMPENHAMENTO E O COMPROMISSO PSICOLÓGICO NO TRABALHO

	COMPROMISSO [PSICOLÓGICO] NO TRABALHO	**COMPROMISSO**
PRINCÍPIO	Estado de bem-estar no trabalho, especialmente o entusiasmo pelo trabalho	Estado emocional de vinculação e identificação
Composição	Dedicação, Absorção e Vigor	Afeto e ligação por emoções
Domínio	Psicológico, mas ao nível do posto de trabalho; inclui emoções, cognição e comportamento	Psicológico, mas principalmente a nível organizacional e pode ser percepcionado a nível do posto de trabalho; envolve apenas emoções
Nível de dependência	Coexiste com os recursos de emprego	Explicado por recursos de emprego
Duração	A curto prazo, mas pode ser a longo prazo se os recursos persistirem	A longo prazo, mas pode ser a curto prazo se as emoções e a ligação diminuírem
Relações com as exigências do trabalho e os recursos do trabalho	O PWE é a antítese do burn-out, ou seja, o empenho é a energia, o impulso e a forte identificação com o trabalho. Burnout é a exaustão e a falta de eficácia profissional no trabalho	Afetado negativamente por elevadas exigências profissionais, mesmo na presença de recursos profissionais suficientes; o empenhamento é sugerido como a antítese da insatisfação

Os construtos de envolvimento no trabalho, ou seja, o vigor, caracteriza-se por uma elevada energia e resiliência; a dedicação é um sentimento de orgulho ou entusiasmo e desafio em relação ao trabalho; a absorção é estar total e alegremente imerso no trabalho (Schaufeli & Bakker, 2003). Por outras palavras, os trabalhadores pouco empenhados têm pouco vigor porque lhes falta o entusiasmo; pouca dedicação porque não estão entusiasmados nem orgulhosos e não se identificam com o seu trabalho, e pouca absorção porque não estão absorvidos e estão desligados do seu trabalho. Os trabalhadores nesta situação são mais susceptíveis de manifestar sentimentos de esgotamento porque não estão empenhados no trabalho com recursos suficientes. Por outro lado, os trabalhadores empenhados, em resultado de recursos suficientes no trabalho, sentem-se enérgicos, dedicados e absorvidos pelo trabalho (Bakker et al., 2010). O empenho no trabalho é visto como uma atitude enérgica e imersa no trabalho, assumindo responsabilidades, sendo proactivo e mostrando iniciativa (Bakker & Schaufeli, 2008; Macey & Schneider, 2008; May, et al. 2004). Por conseguinte, as organizações que promovem o empenhamento no trabalho ou no emprego irão aproveitar as competências, a criatividade e a qualidade do desempenho da sua força de trabalho (Bakker & Leter, 2010).

Tal como descrito anteriormente na revisão da literatura, propõe-se que o PWE tenha um impacto positivo através dos modelos de exigências do trabalho-recursos (JD-R), conservação de recursos (COR) e alargar e construir teses (BAB). Testando o modelo JD-R em quatro amostras diferentes de trabalhadores de colarinho branco em quatro organizações de serviços holandesas, os resultados estatísticos confirmaram que, enquanto o burnout mediava o impacto das exigências do trabalho nos problemas de saúde, o PWE mediava o efeito dos recursos do trabalho num constructo diferente, as intenções de rotação, que estão associadas ao nível médio de produtividade dos trabalhadores (Hakanen & Roodt, 2010). Um estudo realizado com mais de 2000 professores finlandeses mostrou que a EIP mediava totalmente os efeitos dos recursos do trabalho no empenhamento organizacional; este resultado aplicava-se a homens e mulheres, a trabalhadores com contratos permanentes e a termo, e a trabalhadores com menos e mais de dez anos de serviço (Hakanen & Roodt, 2010).

Um estudo que investigou os antecedentes do comportamento proactivo entre 385 trabalhadores tecnológicos espanhóis e 338 gestores de telecomunicações holandeses mostrou que a EIP mediava totalmente o impacto dos recursos do posto de trabalho no comportamento proactivo (Salanova & Schaufeli, 2008; Hakanen & Roodt, 2010). Num estudo longitudinal, descobriu-se que a EIP, no momento 1, mediava parcialmente o impacto do recurso do posto de trabalho no momento 1 sobre a variável desempenho no trabalho, indicada pelo desempenho no posto de trabalho e fora dele e pela iniciativa pessoal no momento 2, três anos mais tarde (Hakanen, 2009; Hakanen & Roodt, 2010).

O conceito de EIP também foi validado pela investigação sobre contratos psicológicos. O cumprimento do contrato psicológico é visto como os recursos que os trabalhadores esperam que a entidade patronal lhes forneça, por exemplo, a formação necessária para fazer bem o trabalho, a participação na definição de objectivos e a autonomia no trabalho. Num estudo sobre a perceção do cumprimento do contrato psicológico, entre 178 trabalhadores finlandeses de uma organização de investigação, descobriu-se que o PWE mediava o cumprimento do contrato psicológico na saúde mental dos trabalhadores e o compromisso afetivo para com a organização, com a consequência adicional de uma diminuição das intenções de rotação (Parzefall & Hakanen in Press citado em Bakker & Leiter, 2010).

Num estudo que utilizou um impressionante conjunto de dados de quase 8.000 unidades empresariais em 36 empresas, os investigadores examinaram a relação entre o empenho na satisfação dos trabalhadores ao nível da unidade empresarial e os resultados da unidade empresarial em termos de satisfação do cliente, produtividade, lucro, rotação de trabalhadores e acidentes. Utilizando uma meta-análise, obtiveram resultados significativos para todas as correlações e que, em geral, o empenho dos trabalhadores no trabalho era mais elevado para a satisfação e a lealdade dos clientes (+,32 e 0,33, respetivamente) e para a rotação dos trabalhadores (-,36), seguido da segurança (+,32), da produtividade (,25) e da rentabilidade (,17) (Salanova et al., 2005; Demerouti & Cropanzano, 2010).

A lógica da conservação de recursos (CR) pressupõe que os trabalhadores que possuem mais recursos são capazes de ganhar recursos através da PWE; enquanto os trabalhadores que não possuem recursos são susceptíveis de perder ainda mais recursos ou apoio (Hobfoll, 2002). Por exemplo, quando os supervisores comunicam aos seus subordinados o seu bom desempenho nas tarefas que lhes são atribuídas e sugerem melhores formas de o fazer, o otimismo dos trabalhadores aumenta e, consequentemente, os trabalhadores são mais empenhados e produtivos. Por outro lado, os trabalhadores com supervisores menos solidários são mais vulneráveis ao stress (Xanthopoulou et al.,

2009c; Salanova et al., 2010). Na mesma linha, os psicólogos organizacionais sugerem que os trabalhadores protegem os recursos actuais e esforçam-se por acumular novos recursos, por exemplo, a aprendizagem de novas competências para aumentar a sua empregabilidade e a possibilidade de conseguir um emprego melhor que ofereça uma oportunidade de aprendizagem e desenvolvimento adicionais, o que aumenta a EIP (Salanova et al., 2006). Assim, existe uma espiral positiva de ganho de COR, entre os recursos do emprego e a EIP, ou seja, tal como os recursos do emprego (por exemplo, formação e apoio social) conduzem à EIP, também a EIP pode proporcionar a oportunidade de fornecer mais recursos de emprego, por exemplo, disponibilidade de competências para apoio aos colegas e apoio social orientado para o trabalhador no local de trabalho (Salanova et al, 2006).

Vale a pena mencionar que a variedade de recursos do trabalho nos estudos acima referidos, que foram associados à EIP, incluiu o feedback do desempenho, a autonomia no trabalho, o apoio social dos colegas, a variedade de tarefas, as oportunidades de crescimento, o apoio executivo/coaching, a formação organizacional e o clima social (Hakanen & Roodt, 2010). Outros recursos significativos são os recursos pessoais através do capital psicológico, ou seja, a auto-eficácia, a autoestima, o otimismo e o afeto positivo, etc. (Sonnentag et al., 2010).

Para além destes estudos empíricos sobre o empenho no trabalho, o questionário tridimensional (vigor, dedicação e absorção) utilizado para medir o empenho no trabalho, também conhecido como escala de empenho no trabalho de Utrecht (UWES), tem validade fatorial, de fiabilidade e discriminante. O UWES está disponível em 21 línguas e existe uma base de dados internacional que inclui atualmente registos de envolvimento de mais de 60 000 trabalhadores. O UWES é um questionário de 17 itens e tem uma versão abreviada e uma versão para estudantes pontuada numa escala de frequência de 7 pontos que varia de 0 (nunca) a 6 (sempre) (Schaufeli & Bakker, 2010). Num estudo realizado para testar a sua validade fatorial em vários países (Austrália, Bélgica, Canadá, Finlândia, França, Alemanha, Países Baixos, Noruega, África do Sul e Espanha), o resultado mostrou a semelhança da estrutura de três factores entre países (Schaufeli et al., 2006a; Schaufeli & Bakker, 2010).

Um estudo de meta-análise realizado em trinta e três amostras (total N=19.940) de nove países diferentes (Austrália, Bélgica, Finlândia, Grécia, Países Baixos, Noruega, Espanha, África do Sul e Suécia) revelou uma excelente fiabilidade interna para o vigor, a dedicação e a absorção. A estrutura dos factores das subescalas nas versões original e curta do UWES excedeu 0,80, enquanto a pontuação composta excedeu 0,90. Os estatísticos afirmam que uma análise de fiabilidade com um valor superior a 0,6 valida os itens e os constructos de um questionário (Schaufeli & Bakker, 2010; Field, 2005).

Um estudo mostrou que o EPT e outros constructos psicológicos, como o envolvimento no trabalho, o vício no trabalho, o compromisso organizacional e a satisfação no trabalho, que se pensava serem conceitos semelhantes, eram distintos (Hallberg & Schaufeli, 2006; Schaufeli & Bakker, 2010). A crítica até agora sobre a estrutura de três factores do UWES considera o UWES como uma forma de traço de compromisso no trabalho, em vez de uma forma de estado de PWE, ou seja, a viabilidade do UWES para medir PWE numa base diária, ou estado em vez de forma de traço (Schaufeli & Bakker, 2010; Sonnentag et al., 2010).

Os resultados empíricos sobre a validade fatorial, a estabilidade e a consistência interna da estrutura de três factores da EIP e a sua relação significativa com a prática do trabalho organizacional, por um lado, e com o desempenho da empresa, por outro, revelam que a EIP pode ser o elo que faltava entre os debates de RH e RI sobre sistemas de trabalho de elevado desempenho (como os sistemas de macro-engajamento) em relação à produtividade dos trabalhadores e da empresa. Na sequência de sugestões de investigação para explorar a base motivacional da teoria *AMO* de Appelbaum (ênfase acrescentada), a EIP é uma vantagem competitiva a explorar (Boselie et al., 2005; Boxall, 2012).

Capítulo 4

4. METODOLOGIA

Esta secção vai justificar a escolha da metodologia de investigação. Justificará também a escolha do sector de estudo e dos países de estudo.

4.3 Justificação da pesquisa na biblioteca

Tendo considerado as teorias fundadoras dos sistemas de envolvimento, o santo graal dos sistemas de emprego é estabelecer uma ligação entre o sistema de envolvimento e o desempenho, partindo do princípio de que os sistemas de envolvimento ocorrem apenas a nível macro. Poucos estudos consideraram os sistemas de envolvimento ao nível micro, ou seja, o modelo AMO 'paradigma da caixa negra' (Boselie, et al., 2005).

Os estudos estabelecidos, que seguiram a via não mediada (através da caixa negra), foram criticados pela conceção aplicada, como a ineficácia do fator transversal e causal; outros criticaram as medidas utilizadas para medir a GRH e as medidas de resultados adoptadas, como as acções e a classificação financeira (Wall e Wood, 2005). Por outras palavras, a ligação entre as PTAP, ou seja, os sistemas de macro-engajamento e o desempenho da empresa é infundada e deslocada se as medidas de resultados forem orientadas para a organização, em vez de serem orientadas para os trabalhadores, como o empenho, a criatividade, as atitudes no trabalho e o envolvimento no trabalho (Boselie, et al., 2005; Bakker & Leiter, 2010; Boxall, 2012). No entanto, tal como sugerido por Boselie, et al. (2005), os investigadores ainda necessitam de um quadro teórico sobre a forma como as PTAP, tais como os sistemas de macro-envolvimento, estão ligadas às atitudes de trabalho e ao desempenho dos trabalhadores, ou seja, olhar para dentro da caixa negra. Inicialmente, a fim de tentar a investigação da caixa negra, propus-me utilizar um modelo de relação estatística (regressão) (entre as práticas de envolvimento dos trabalhadores e o empenho no trabalho) e um relatório qualitativo nas TI, utilizando a Google e a Fujitsu como locais de estudo de caso. A intenção era triangular os dados quantitativos da relação presumida , com o relatório qualitativo.

Como resultado da impossibilidade de aceder a estas organizações, este estudo utiliza um método de pesquisa bibliográfica sobre os estudos teóricos e empíricos disponíveis, a fim de sugerir um paradigma teórico orientado para os trabalhadores e que beneficie as organizações a longo prazo, e talvez um benefício a curto prazo, se o envolvimento psicológico no trabalho se revelar um excelente caminho. Um estudo transversal, embora rentável e um ponto de partida para um trabalho extenso, fornece uma base fraca para inferências causais; por outro lado, um estudo longitudinal, embora controle a causalidade inversa, é dispendioso (Wall & Wood, 2005). Uma pesquisa bibliográfica aplica-se a debates e críticas, sincronizando assim ideias de artigos e livros para construir uma teoria bem informada para a análise empírica presente e futura. As principais revistas de referência foram as revistas de gestão, psicologia, economia, recursos humanos, relações industriais, sistemas de informação e inovação.

4.4 Justificação para o sector das TI e os países de estudo

Como sugerido anteriormente, um dos interesses desta investigação é verificar se o quadro teórico de Delery e Doty (1996) se aplica ao envolvimento no trabalho. Se o envolvimento no trabalho for um termo universal, então existe um modelo global de recursos do trabalho para envolver psicologicamente a força de trabalho. Se o envolvimento no trabalho for considerado um termo contingente, então não existe um modelo global de recursos do posto de trabalho para o envolvimento no trabalho. Por outras palavras, o recurso de emprego pode variar consoante o sector da organização, a nação e as forças institucionais. O envolvimento no trabalho como um fator configurado significa que os recursos de emprego, tais como a partilha de informação e as práticas de envolvimento definidas ou configuradas como um todo, estarão provavelmente relacionados com o envolvimento no trabalho, independentemente do sector da organização ou da lógica institucional do Estado-nação.

O sector das tecnologias da informação é escolhido como estudo de caso setorial porque a taxa de atualização das competências dos trabalhadores tem sido mais rápida no sector das TI. O estudo do sector das TI controla a aquisição de várias competências a nível da empresa, da indústria e do país (Dedrick et al., 2003). Além disso, as práticas de elevado envolvimento são mais frequentemente introduzidas em empresas que possuem a tecnologia mais sofisticada e que exigem maiores competências (Park et al., 2010). No entanto, a nível nacional, os Estados Unidos, a Grã-Bretanha e a Alemanha são escolhidos devido às diferenças nacionais em termos de configurações institucionais, como a formação, a educação, o capitalismo de bem-estar e a estratégia empresarial; talvez a lógica institucional possa ter impacto na relação entre os recursos do emprego e o envolvimento no trabalho. Os sistemas de mercado neoliberais dos Estados Unidos e da Grã-Bretanha e os sistemas de mercado coordenados da Alemanha também podem ter um efeito sobre esta relação (Rubery & Grimshaw, 2003; Gospel & Pendleton, 2005; Leiter & Bakker, 2010).

4.5 Hipóteses

Para o estudo, as hipóteses não-estatísticas de forma nula são as seguintes

Hipótese A: Os recursos do trabalho, especialmente as práticas de envolvimento dos trabalhadores (T-1 e T-2), não estão relacionados com o empenho no trabalho no sector das TI em três países: Estados Unidos, Grã-Bretanha e Alemanha.

Hipótese B: Os recursos do trabalho, em especial as práticas de envolvimento dos trabalhadores (T-1 e T-2), que podem estar relacionados com o empenho no trabalho no sector das TI nos países de estudo (Estados Unidos, Grã-Bretanha e Alemanha), seguem a teoria universal ou global sugerida por Delery e Doty.

A próxima secção abordará a questão do trabalho ou da participação psicológica no trabalho no sector das TI em três países: Estados Unidos, Reino Unido e Alemanha. O objetivo é descobrir se os recursos profissionais para a participação no trabalho no sector das TI diferem entre estes países; e se a lógica institucional dos países pode ter impacto na participação no trabalho (PWE).

Capítulo 5

5. RECURSO AO EMPREGO E PWE NO SECTOR DAS TECNOLOGIAS DA INFORMAÇÃO

5.3 Antecedentes

Esta secção apresenta os sistemas de envolvimento macro (ou seja, as práticas de envolvimento de tipo 1 e de tipo 2), os elementos intangíveis dos recursos do posto de trabalho. Destaca também os aspectos tangíveis dos recursos do posto de trabalho; por exemplo, os bens de capital do sector das TI. O objetivo é criar uma base e apresentar um caso de recurso no emprego que possa ter impacto na EIP.

Neste ponto, abundam as sugestões, na sequência do modelo de recursos de procura de emprego e de conservação dos recursos, de que o envolvimento psicológico no trabalho coexiste com os recursos do emprego sem qualquer direção criativa ou causal (por exemplo, Hakanen & Roodt, 2010). A ênfase aqui em diante é estabelecer os recursos do trabalho (especialmente a prática de envolvimento dos trabalhadores) que existem no sector das tecnologias da informação (TI), a fim de mapear um padrão sistemático que sugere o envolvimento no trabalho nos países de estudo.

Nas secções anteriores, os recursos do posto de trabalho foram explicados como existindo na organização e ao nível do trabalho, que estimulam o crescimento pessoal e são funcionais na consecução dos objectivos do trabalho, e incluem, por exemplo, sistemas de trabalho organizacionais, tais como práticas de envolvimento do tipo 1 e do tipo 2, entre outros. Por outras palavras, enquanto o tipo 1 tem como núcleo a partilha de informação, o tipo 2 tem como núcleo o trabalho em equipa (Bakker et al., 2004; Michie & Sheehan, 1999; Kandathil & Varman, 2007). Os sistemas de envolvimento de tipo 1 são práticas de partilha de informações, tais como reuniões regulares entre a direção e o pessoal ou boletins informativos regulares. Os sistemas de envolvimento de tipo 2 são os grupos de resolução de problemas, as equipas de projeto e os círculos de qualidade (Kaufman, 2003; Michie & Sheehan, 1999).

Os recursos de trabalho não são apenas práticas organizacionais, incluem também activos de capital corporativo que fazem com que as organizações funcionem para o seu objetivo, por exemplo, os activos de capital de TI incluem capital de risco, telecomunicações, computadores e hardware e software informático relacionados que têm impacto na prática de trabalho e na aprendizagem da organização (Dedrick et al., 2003).

Em 1997, só o sector das TI, que inclui as telecomunicações e a informática, representava 1,5 biliões de dólares americanos; deste montante, as telecomunicações representavam 600 mil milhões e a informática 900 mil milhões de dólares americanos (Wade & Gravill, 2002). As TI constituem a espinha dorsal de vários sectores, como a banca, a educação, as viagens e a edição, e o crescimento da indústria das TI teve um impacto dramático nos negócios à escala mundial (Wade & Gravill, 2002; Dutta & Evrard, 1999). No entanto, há muitos debates sobre os benefícios das TI em termos de PIB e de produtividade, o que se designa por "paradoxo das TI", ou seja, o seu impacto na empresa/indústria/nível económico. Por exemplo, nos Estados Unidos, enquanto a produção dos trabalhadores da produção aumentou 16,9% durante as décadas de 70 e 80, a produção dos trabalhadores das tecnologias da informação diminuiu 6,6% (os Estados Unidos registaram ainda um crescimento constante dos trabalhadores das tecnologias da informação nas suas fileiras). No entanto, os resultados de um estudo efectuado em 12 países da Ásia-Pacífico revelaram que o investimento em tecnologias da informação tem um retorno significativo, pondo assim em causa o paradoxo das tecnologias da informação nos Estados Unidos (Devaraj & Kohli, 2000; Brynjolfsson & Hitt, 2000).

O paradoxo das TI suscitou investigação e debates sobre a "caixa negra" organizacional ou os elementos intangíveis que podem ser a variável interveniente na modelação da produtividade das TI, sugerindo que os benefícios das TI podem ser obtidos em conjunto com a iniciativa de práticas de trabalho da empresa (Devaraj & Kohli, 2000; Yang & Brynjolfsson, 2001).

Os economistas, os profissionais de gestão e de tecnologia industrial referem-se aos intangíveis (práticas organizacionais colectivas, processos empresariais e cultura) como recursos de trabalho que não podem ser medidos através de informação contabilística, mas que, no entanto, contribuem com uma variação significativa para a produtividade total dos factores (Kaufman & Schneider, 2004; Yang & Brynjolfsson, 2001; Brynjolfsson & Yang, 1997). Estes intangíveis reflectem-se na "teoria da contingência Q" de Tobin como custos de ajustamento ou activos intangíveis complementares do investimento (neste caso, investimento em TI), em que as empresas produzem capital produtivo combinando instalações, equipamento, novas ideias e práticas organizacionais (Brynjolfsson et al., 2002; Yang & Brynjolfsson, 2001). Assim, a teoria do Q de Tobin sugere que, embora a tecnologia e as práticas empresariais possam ter impactos diferentes no desempenho, as duas em conjunto afectam significativamente o desempenho (Devaraj & Kohli, 2000; Brynjolfsson et al., 2002; Brynjolfsson & Hitt, 2000). A evidência econométrica do "Q de Tobin" sugere, no entanto, que as TI são mais produtivas quando combinadas com determinados grupos de práticas de envolvimento organizacional e, como indicado, presume-se que os estudos a nível da indústria e do país podem lançar mais luz sobre os grupos de práticas de envolvimento empresarial que complementam o contexto das tecnologias da informação (Brynjolfsson et al., 2002; Yang & Brynjolfsson, 2001).

5.4 sector das TI nos Estados Unidos: Prática de envolvimento do tipo 1 e do tipo 2

Esta secção analisa a prevalência dos intangíveis de tipo 1 e de tipo 2 dos recursos de emprego nos EUA, apresentando o sector das TI dos EUA como um modelo de prática de envolvimento T-1 e T-2. As secções seguintes apresentam análises comparativas.

Antes de prosseguir, é importante reiterar que as práticas de envolvimento T-1 são orientadas para a informação, enquanto as práticas de envolvimento T-2 são orientadas para a estrutura da equipa. Os estudos sobre as empresas de tecnologias da informação (TI) nos EUA afirmam que a organização interna deste sector é determinada e orientada pelos recursos de informação (T-1) e por uma estrutura de trabalho descentralizada (T-2). As inovações da aplicação de software do sector das TI nos EUA encorajam a prevalência da prática de envolvimento T-1 e T-2 (Bresnahan et al., 2002; Brynjolfsson et al., 1998; Brynjolfsson & Yang, 1997; Hussi, 2004). O investimento em TI é sinónimo de uma estrutura de trabalho descentralizada, também conhecida como "reengenharia de processos empresariais", porque as organizações de TI e os seus utilizadores são caracterizados por uma sobrecarga de informação e, por conseguinte, necessitam de uma maior dependência da tomada de decisões descentralizada ou da autonomia de trabalho, o que incentiva níveis mais elevados de competências cognitivas e ajusta o stock de capacidades humanas para cima, gerando assim uma força de trabalho altamente qualificada (Bresnahan et al., 2002; Brynjolfsson et al, 1998; Devaraj & Kohli, 2000). Por outras palavras, "as novas tecnologias exigirão o desenvolvimento de novas formas e sistemas organizacionais, tais como equipas e novos sistemas de incentivos para a tomada de decisões descentralizadas" (Florida & Kenney, 1993 citado em Brynjolfsson et al., 1998).

Existem correlações positivas entre o investimento em TI, a estrutura de trabalho descentralizada e as competências laborais, o que sugere que os três se complementam. Por exemplo, como o investimento em TI leva a uma estrutura de trabalho descentralizada da organização, o que aumenta a contribuição dos trabalhadores e a prática de envolvimento da equipa, também, quando os stocks de investimento em TI são baixos, a estrutura de trabalho descentralizada, tal como a prática de envolvimento, prevê a procura de produtos de TI a nível da empresa, ou atrai clientes para as empresas que investem na prática de envolvimento, o que implica um paradigma de conservação de recursos (Bresnahan et al, 2002; Hobfoll, 2002).

De um estudo longitudinal de mais de 1031 empresas ao longo de 8 anos, concluiu-se que as empresas orientadas para as TI que adoptaram práticas de trabalho como o envolvimento da equipa (T-2) e uma autoridade de decisão mais ampla devido ao acesso dos empregados à informação (T-1) tinham uma avaliação de mercado mais elevada dos seus activos informáticos (Brynjolfsson et al., 1998). Um estudo sobre o capital informático e a avaliação do mercado de acções de 1000 empresas do grupo INFOCORP durante o período de 1987 a 1994, emparelhado com um inquérito transversal sobre práticas organizacionais realizado em 1995 e 1996, revelou que, através de várias medidas de TI, tais como o número de sistemas de hardware, a base instalada de TI e medidas de computação centralizada e descentralizada, as empresas que utilizavam mais recursos de TI utilizavam mais equipas, tinham responsabilidades de trabalho mais amplas e atribuíam mais autoridade aos seus trabalhadores (T-2). O estudo revelou que as empresas de TI que estavam um desvio-padrão acima da média nas caraterísticas da organização tinham um valor de mercado cerca de 500 milhões de dólares mais elevado, sugerindo assim que os mercados financeiros valorizam as empresas com utilização intensiva de computadores que tiram partido de práticas organizacionais de envolvimento direto (Brynjolfsson et al., 1998).

Num estudo de campo realizado em 37 empresas de alta tecnologia da informação no Vale do Silício, na Califórnia, verificou-se que, entre as grandes empresas de TI, como a Apple computers, e os criadores de software, revendedores, fornecedores de subsistemas e de componentes, prevalecia um rico catalisador de redes baseadas em equipas (T-2), comunicação eletrónica (T-1), oportunidades informais de interação e protocolos de acesso aberto (T-1) (Bahrami, 1992). O investimento em TI, a formação e as práticas de envolvimento direto dos trabalhadores nos recursos humanos, tais como a partilha de informações (T-1), as reuniões no local de trabalho (T-1), os círculos de qualidade (T-2) e as equipas autogeridas (T-2), são recursos importantes para o envolvimento dos trabalhadores no trabalho e para o aumento da produtividade do trabalho no sector das TI nos Estados Unidos (Ahonen, 2000; Bresnahan et al, 2002; Black & Lynch, 2001; Hakanen & Roodt, 2010).

Em suma, nos Estados Unidos, alguns afirmaram que 40% do valor de mercado excedentário dos investimentos em TI está relacionado com qualidades organizacionais, outros afirmaram que o investimento em activos relacionados com computadores e intangíveis combinados constituiu até 10% do PIB dos Estados Unidos no final dos anos 90 (Brynjolfsson, 1993; Yang & Brynjolfsson, 2001). Estes estudos sugerem que os Estados Unidos têm uma pontuação elevada nas práticas de envolvimento do tipo 1 e do tipo 2.

5.5 Setor das TI na Europa (Alemanha e Grã-Bretanha): Práticas de envolvimento do tipo 1 e do tipo 2 Esta secção analisa a prevalência dos intangíveis do tipo 1 e do tipo 2 dos recursos de emprego nos sectores das TI na Europa (ou seja, Alemanha e Grã-Bretanha). A essência é contrastar o padrão e a prevalência dos intangíveis T-l e T-2 no sector britânico das TI com o modelo prevalecente na Alemanha.

A análise das configurações institucionais que têm impacto na prevalência de T-1 e T-2 em todos os países de estudo será discutida nas secções seguintes.

A Europa, em especial a Alemanha, tem sido criticada pela sua incapacidade de competir com os Estados Unidos no domínio das tecnologias da informação, tal como tem conseguido fazer em sectores maduros como a maquinaria e os veículos automóveis. A crítica tem sido o facto de as instituições da Europa social, especialmente na Alemanha, darem pouco apoio a tecnologias emergentes de alto risco. Por outro lado, a prática organizacional do sector das TI, especialmente na Grã-Bretanha, não complementa as inovações das TI. A história das TI, no entanto, é mais negativa para a Grã-Bretanha (Wagner & Mason, 2006; Clegg et al., 1997).

O Inquérito à Inovação da Comunidade Europeia (CIS), que abrangeu as actividades de inovação e as condições de trabalho das empresas europeias para 8.081 trabalhadores assalariados entre 1998 e 2000, foi investigado quanto às variedades de práticas organizacionais (Mintzberg, 1983; Lam, 2005; Arundel et al., 2007). Na análise por país, descobriu-se que o modelo lean (T-2) de organização do trabalho era mais prevalente no Reino Unido (40,6%) e menos desenvolvido na Alemanha (19,6%). Por outro lado, a adhocracia e as formas tradicionais de organização do trabalho (T-1) eram mais prevalecentes na Alemanha (44,3% e 21,9%, respetivamente) em comparação com o Reino Unido (34,8% e 13,7%, respetivamente) (Arundel et al., 2007). Os investigadores sugeriram que os trabalhadores alemães do sector das telecomunicações podem estar mais empenhados na prática de trabalho organizacional tradicional que envolve a interação direta e indireta com os clientes locais (T-1). Por outro lado,

Os trabalhadores britânicos do sector das TI, nomeadamente no domínio da eletrónica, estavam mais empenhados na prática de trabalho de produção enxuta, em especial no trabalho de equipa liderado pela gestão (T-2), mas com pouca margem de manobra para os trabalhadores. Por outras palavras, o modelo lean adotado pelas empresas britânicas de TI é visto como uma melhor alternativa à prática de trabalho taylorista, mas não delega a responsabilidade pela tomada de decisões, como acontece nos Estados Unidos e na Alemanha, nos trabalhadores das TI (Arundel et al., 2007).

Lam (1994) referiu que a natureza do contexto de trabalho das empresas britânicas do sector das TI era a especialização profissional, o que inibe a comunicação e a partilha de conhecimentos. Por outro lado, nas empresas japonesas de TI, o conhecimento especializado é visto como propriedade dos grupos de trabalho ("Ka") e os grupos de trabalho são caracterizados por um grau considerável de partilha colectiva de conhecimentos ("Sashimi"). Na mesma linha, um estudo de 14 000 organizações realizado no Reino Unido, abrangendo todos os principais sectores de atividade económica e uma vasta gama de TI, indicou que 80-90% dos investimentos em TI no Reino Unido não atingem os seus objectivos de desempenho e que as razões para tal raramente são de origem técnica, indicando que uma série de factores humanos e organizacionais e o papel dos gestores são áreas críticas que afectam o desempenho do sector das TI. Nas palavras dos investigadores, "aqueles que compreendem a tecnologia tendem a não apreciar as questões organizacionais mais amplas, e aqueles que têm conhecimento destas [questões organizacionais] são muitas vezes tecnicamente ingénuos..." (Clegg et al., 1997: 857). Os investigadores concordaram que, no domínio que liga as TI e as comunicações, os aspectos humanos e organizacionais continuam a ser fundamentais para o seu sucesso, mas a prática empresarial complementar para o sector das TI é um problema na Europa, especialmente no Reino Unido (Clegg et al, 1997).

Um estudo mostrou que a prática de resolução de problemas (T-2) entre os trabalhadores não era uma caraterística das empresas orientadas para as TI no Reino Unido (Feritas, 2011). No entanto, em média, as organizações de TI no Reino Unido eram caracterizadas por pacotes de envolvimento do tipo 1 de práticas descentralizadas de gestão da informação, tais como esquemas de sugestões e reuniões regulares entre a direção e o pessoal, e também por práticas de gestão descendentes, tais como a comunicação ao longo da cadeia de gestão. Curiosamente, o reconhecimento sindical e as práticas de envolvimento do tipo 2, como os círculos de qualidade para a resolução de problemas e os grupos de informação, não eram caraterísticas significativas das empresas orientadas para as TI no Reino Unido (Feritas, 2011; Michie & Sheehan, 1999).

Estes estudos sugerem que os sectores de TI britânicos podem ter uma pontuação baixa na prática de envolvimento de tipo 1, em comparação com a indústria de TI na Alemanha, indicada como tendo uma pontuação elevada no tipo 1. No entanto, no que respeita à prática de envolvimento de tipo 2, a Grã-Bretanha e a Alemanha têm pontuações baixas. No entanto, o sector britânico das TI, em termos quantitativos por prática, tem uma pontuação mais elevada e baixa na prática de envolvimento de tipo 2 do que a Alemanha. No entanto, qualitativamente, por valor de prática, o sector britânico das TI tem pontuações mais baixas no envolvimento de tipo 2 do que a Alemanha, porque se sugere que o sector britânico das TI não delega a responsabilidade pela tomada de decisões no chão de fábrica das TI (Arundel et al, 2007).

5.6 Configurações institucionais: Variação explicada da prática de envolvimento no sector das TI entre países

Esta secção apresenta uma análise das configurações institucionais que variam com o padrão e a prevalência das práticas de envolvimento de tipo 1 e de tipo 2 na indústria das TI nos países estudados. O objetivo principal é sugerir forças institucionais que expliquem a existência de T-1 e T-2, também conhecidos como recursos laborais intangíveis. Os investigadores afirmam que, na UE (ou seja, na Alemanha e na Grã-Bretanha), as taxas de inovação em matéria de TI são baixas em comparação com as dos Estados Unidos, porque o capital de risco para o arranque de empresas de TI é mais pronunciado nos EUA. Por exemplo, no final dos anos 90, enquanto o capital de risco dos EUA era de cerca de 50 mil milhões de dólares (cerca de 65% tinha sido canalizado para o sector das TI) (Casper & Whitley, 2004). O Reino Unido também seguiu esta tendência, mas as empresas de base tecnológica receberam uma parte muito menor; os totais equivalentes na Alemanha eram de 6,6 mil milhões de dólares no final dos anos 90 (Cooke, 2001; Lehrer et al., 1999; Casper & Whitley, 2004).

Soskice (1997), Mason & Wagner (1999) e Casper et al. (1999) apresentam uma análise comparativa completa da política e dos padrões de investimento em TI na Alemanha, no Reino Unido e nos EUA. O capital de risco do sistema alemão, altamente regulamentado e patrocinado pelos bancos, parece conduzir a uma inovação incremental das TI, em vez do tipo radical que caracteriza os EUA (Cooke, 2001). Há quem defenda que, para que os Estados da UE possam captar o êxito revolucionário do sector das TI dos EUA, a Alemanha tem de se libertar da sua cultura institucional de risco adverso e o Reino Unido tem de desenvolver uma indústria de capital de risco com a agressividade financeira do modelo californiano (Cooke, 2001; Casper & Whitley, 2004). Por outras palavras, as empresas californianas de TI, como as indústrias de biotecnologia e de software, são organizações baseadas em projectos e redes orientadas para as equipas (T-2) que resolvem problemas complexos e utilizam a partilha de informações entre empresas (T-1) com limitações de tempo (Casper & Whitley, 2004). Embora o sector alemão das TI, apoiado pelo sistema coordenado de governo das sociedades, seja capaz de adotar uma inovação incremental, o sistema torna-se fraco quando a inovação exige uma mudança radical, por exemplo, a flexibilidade laboral que caracteriza o sistema de governo das sociedades "outsider" dos EUA/Reino Unido. O modelo "outsider" anglo-saxónico pode ter uma vantagem sobre o modelo "insider" alemão, uma vez que os trabalhadores há muito tempo vinculados ao modelo alemão podem tornar-se conservadores, estando apegados a processos tecnológicos desactualizados e lentos e, por conseguinte, relutantes a mudanças radicais, devido a efeitos de dependência. No entanto, ambos os sistemas de governação são sugeridos como vias distintas para a inovação incremental (Rubery & Grimshaw, 2003; Lehrer et al., 1999; Zhou et al., 2011). Por exemplo, argumenta-se que os trabalhadores em economias de mercado liberais (EUA/Reino Unido), embora confrontados com uma elevada insegurança no emprego, têm uma vantagem institucional na criação de clusters de empresas radicalmente inovadoras baseadas em projectos (T-2) em resultado da flexibilidade laboral. Por outro lado, a economia de mercado coordenada (Alemanha), embora confrontada com o dilema do 'lock in' institucional, encoraja um elevado envolvimento na partilha de informação intra-organizacional (T-1) para um impacto positivo (Casper & Whitley, 2004). Em suma, sugere-se que as tipologias de mercado das economias de mercado coordenadas e liberais afectam necessariamente a prática do envolvimento e a participação no trabalho, em resultado do quadro institucional; ver Quadro 3 abaixo para as arquitecturas do quadro institucional (Casper et al., 1999; Casper & Whitley, 2004).

QUADRO 3

	Mercado coordenado (Alemanha)	Economia de mercado liberal (EUA/Reino Unido)
Direito do trabalho	Sistema regulador e coordenado de negociação salarial; tendência para carreiras profissionais de longa duração	Negociação salarial liberal e descentralizada; menos barreiras à rotação de trabalhadores
Sistema financeiro	Principalmente com base em bancos, com ligações estreitas ao sistema de governação empresarial das partes interessadas	Principalmente o sistema de mercado de capitais, estreitamente ligado ao [sistema de acionistas] e ao mercado de controlo das empresas [elevado capital de risco para as novas empresas de TI e elevada flexibilidade laboral]
Direito das sociedades	Sistema de partes interessadas (sistema de administração a dois níveis e direitos de co-determinação para os trabalhadores)	Sistema de acionistas (restrições legais mínimas à organização da empresa)
Formação de competências	Sistema de aprendizagem organizado; ligações estreitas entre a indústria e as universidades técnicas na conceção do currículo e da investigação.	Não existe um sistema de aprendizagem sistematizado para as competências profissionais; as ligações entre a maioria das universidades e as empresas limitam-se à I&D e ao pessoal de I&D.

ARQUITECTURAS DE ENQUADRAMENTO INSTITUCIONAL
Fonte: Casper et al(1999)

A partir do quadro acima (Casper et al, 1999), presume-se que as economias de mercado coordenadas (Alemanha) têm uma vantagem institucional no desenvolvimento de competências específicas da empresa em tecnologias de TI cumulativas que incentivam a prática do envolvimento T-1. Em contrapartida, têm uma desvantagem institucional na governação de projectos de TI inovadores radicais e de empresas baseadas em projectos (T-2) do modelo anglo-saxónico (Casper & Whitley, 2004). Por exemplo, um relatório sobre empresas tecnológicas de TI empreendedoras na Europa e na América afirmava que a Alemanha tem mais êxito no software empresarial, como o modelo de software empresarial ERP, através da partilha de informações (T-1) e das competências específicas da empresa, enquanto os EUA e o Reino Unido têm mais êxito no software radical, como as aplicações de software normalizadas (jogos de computador e software de correio eletrónico) e o software de middleware (redes sociais, sistemas de pagamento seguros e motores de busca), através do trabalho de equipa baseado em projectos (T-2) (Casper & Whitley, 2004).

A lógica das práticas de envolvimento que tem impacto na participação no trabalho é que, na Alemanha, as empresas de TI que têm sucesso no software empresarial ERP ou no software de comércio eletrónico participam na criação e atualização de aplicações de comércio eletrónico orientadas para o cliente. Como resultado de um efeito institucional de bloqueio do emprego para a atualização de programas, o pessoal de programação (com garantia de emprego a longo prazo) nas empresas de TI alemãs actualiza periodicamente os códigos de programação através de fortes competências específicas e de uma rica partilha de informações (T-1). Por outro lado, as empresas de software (TI) do Reino Unido e dos EUA gravitam em torno de segmentos de software normalizados, para os quais a intensidade técnica permanece elevada e, por conseguinte, a mão de obra é flexível, mas, ao contrário da coordenação entre empresas dos EUA (T-1 elevado), a coordenação entre empresas do Reino Unido é baixa (ou seja, T-1 baixo). O Reino Unido é também bastante fraco na partilha de informações em comparação com o sector alemão das TI (T-1 elevado) (Casper & Whitley, 2004; Bahrami, 1992).

Um recurso profissional interessante, que é difícil de medir mas que varia no sector das TI nos países referidos, é a interação entre a cultura de trabalho organizacional e os activos de TI. Por outras palavras, a cultura de trabalho que tem impacto no investimento no sector das TI parece diferir de país para país (Lam, 1994). Por exemplo, no estudo nacional referido anteriormente, muitos engenheiros britânicos referiram que as suas tarefas eram especializadas e individualizadas, ao passo que a maioria dos engenheiros japoneses referiu trabalhar em grupos de cinco ou seis pessoas. Esta cultura especializada do sector britânico das TI tem um impacto negativo na perceção do empenho dos trabalhadores no trabalho, devido ao fraco fluxo de informação e à incapacidade de os trabalhadores terem impacto em todo o processo de trabalho, em vez de numa tarefa especializada (Lam, 1994).

A cultura de trabalho alemã incentiva os trabalhadores do sector das TI a empenharem-se na inovação incremental e na partilha de informações (T-1). A cultura de trabalho dos EUA é estritamente especializada e os trabalhadores são motivados por uma mentalidade de princípio de recompensa pelo elevado desempenho da equipa (T-2) e elevada flexibilidade da informação (T-1). Por outro lado, a cultura de trabalho do Reino Unido (TI) situa-se algures entre a cultura de trabalho em equipa da economia liberal (T-2) em termos de elevada flexibilidade laboral, em que as equipas são facilmente formadas e dissolvidas, e também adopta a cultura de trabalho da economia coordenada, como a orientação colectiva da equipa do modelo alemão, mas não delega a oportunidade de tomada de decisões (T-1) no chão de fábrica das TI, e não adopta totalmente a estrutura de trabalho em equipa multifuncional (T-2) do modelo lean japonês. Só por esta razão, o sector das TI do Reino Unido (com um baixo nível de práticas de envolvimento de tipo 1 e 2) foi classificado como "adotante desagregado" de práticas de envolvimento e "adotante de tecnologia" e não como inovador ou modificador, pelo que a cultura de trabalho para o envolvimento no trabalho não está particularmente estabelecida, como sugerido pelos sectores das TI de outros países, onde a cultura de trabalho na Alemanha é estritamente de tipo 1 elevado, e nos EUA (tipo 1 e 2 elevado) (Rubery & Grimshaw, 2003; Arundel et al., 2007). Esta lógica de baixa cultura de trabalho estabelecida, devido à mentalidade de adoção desagregada nas empresas britânicas de TI, pode fazer com que os trabalhadores do sector das TI não estejam totalmente empenhados psicologicamente ou no trabalho (Casper & Whitley, 2004; Lam, 1994).

Até agora, a secção anterior resumiu os recursos laborais intangíveis (ou seja, a prática de envolvimento) no sector das TI nos EUA como sendo do Tipo 1 (por exemplo, partilha de informações entre empresas) e do Tipo 2 (por exemplo, equipas ad hoc). Os recursos laborais intangíveis no sector das TI na Alemanha foram analisados como sendo principalmente do tipo 1 e, no Reino Unido, também foram caracterizados como adoptando o tipo 2. As próximas secções concluirão este documento, ao mesmo tempo que se tentará apresentar uma proposta teórica para o envolvimento no trabalho que possa ter impacto no sector britânico das TI.

Capítulo 6

6. DISCUSSÃO

6.1 Conclusões sobre a EIP e a sua relação com a prática de envolvimento dos trabalhadores e a partilha de informações: Estudo no sector das TI

Neste momento, o presente documento delineou as principais teorias do envolvimento psicológico no trabalho, como o modelo de recursos de procura de emprego (JD-R), a conservação de recursos e a tese "alarga e constrói". O diagrama (Figura 3) que se segue, seguindo os caminhos A, B, C, D e E, reflecte os pressupostos destas teorias. No percurso A, a lógica da conservação dos recursos, que também reflecte o modelo econométrico de contingência Q de Tobin, pressupõe que os recursos do posto de trabalho, ou seja, os tangíveis (investimento em TI) e os intangíveis (prática de envolvimento T-1 e T-2) e o empenho no trabalho estão reciprocamente relacionados e têm impacto uns nos outros (ver percurso A, Figura 3). Neste caso, T-1 e T-2 e o investimento em TI servem de motivação intrínseca que satisfaz as necessidades básicas, por exemplo, os recursos tangíveis de TI satisfazem a necessidade de auto-realização no trabalho em resultado dos activos de capital de TI disponíveis que melhoram as competências e promovem a aprendizagem. T-1 e T-2 servem como motivação extrínseca porque permitem a realização de objectivos de trabalho através de redes de informação e equipas ad-hoc (Bakker & Leiter, 2010; Bahrami, 1992; Park et al., 2010). Através destes processos complementares de investimento em TI e de práticas organizacionais, a força de trabalho de TI é envolvida para obter retornos de TI, e os mercados financeiros valorizam as empresas com uso intensivo de computadores que alavancam os tangíveis e intangíveis organizacionais (Brynjolfsson et al., 1998).

Brynjolfsson et al. (1998) sugeriram que os intangíveis organizacionais complementam os tangíveis para a obtenção de vantagens competitivas porque, hoje em dia, à medida que as tecnologias da informação contemporâneas se tornam mais baratas, a força de trabalho do sector das TI irá recorrer às práticas de envolvimento T-1 e T-2 para obter vantagens competitivas. No entanto, desde que os recursos tangíveis e intangíveis do posto de trabalho estejam disponíveis e os trabalhadores das TI sejam levados a interagir com esses recursos (Clegg et al, 1997). Por outras palavras, a seta de dois gumes no caminho A responde simplesmente à primeira hipótese nula e sugere que, no sector das TI em todos os países estudados, existe uma relação recíproca entre os recursos do posto de trabalho, especialmente as práticas de envolvimento T-1 e T-2, e o empenho no trabalho, não existindo uma direção causal. De acordo com o modelo de conservação de recursos, os recursos do posto de trabalho criam forças de trabalho psicologicamente empenhadas, que, por sua vez, são recursos conservados que servem de retorno de capital humano, com impacto na prática de envolvimento e no investimento em TI, através de soluções dos trabalhadores para o retorno das TI. A ênfase é colocada nas práticas de envolvimento T-1 e T-2, porque o investimento em TI tem impacto nas alterações das relações de autoridade e das estruturas de trabalho, por exemplo, a descentralização da autoridade de decisão. Por outras palavras, à medida que o custo do processamento da informação e da comunicação muda radicalmente, o mesmo acontece com a atribuição de direitos de decisão e com os sistemas de capital humano (Brynjolfsson et al., 1998). Em suma, o investimento em capital de TI e as práticas de envolvimento envolvem os trabalhadores num trabalho criativo e inovador. Por exemplo, nos EUA, o presente documento sugere que os trabalhadores do sector das TI estão empenhados no trabalho através da absorção cognitiva, porque o capital de risco e os investimentos em capital de TI motivam a força de trabalho a criar ideias que podem facilmente transformar-se em novos estabelecimentos. São emocionalmente dedicados, porque as práticas de envolvimento T-1 e T-2 servem de motivação informativa e de trabalho em equipa. Caracterizam-se também por terem vigor comportamental e resiliência, devido à interação entre T-1, T-2 e os recursos de TI que satisfazem as necessidades primárias e psicológicas dos trabalhadores. Assim, os trabalhadores do sector das TI estão empenhados na aprendizagem e na inovação no processo de trabalho.

FIG 3

Sistemas dinâmicos de envolvimento: Compromisso psicológico no trabalho do sector das TI a nível organizacional

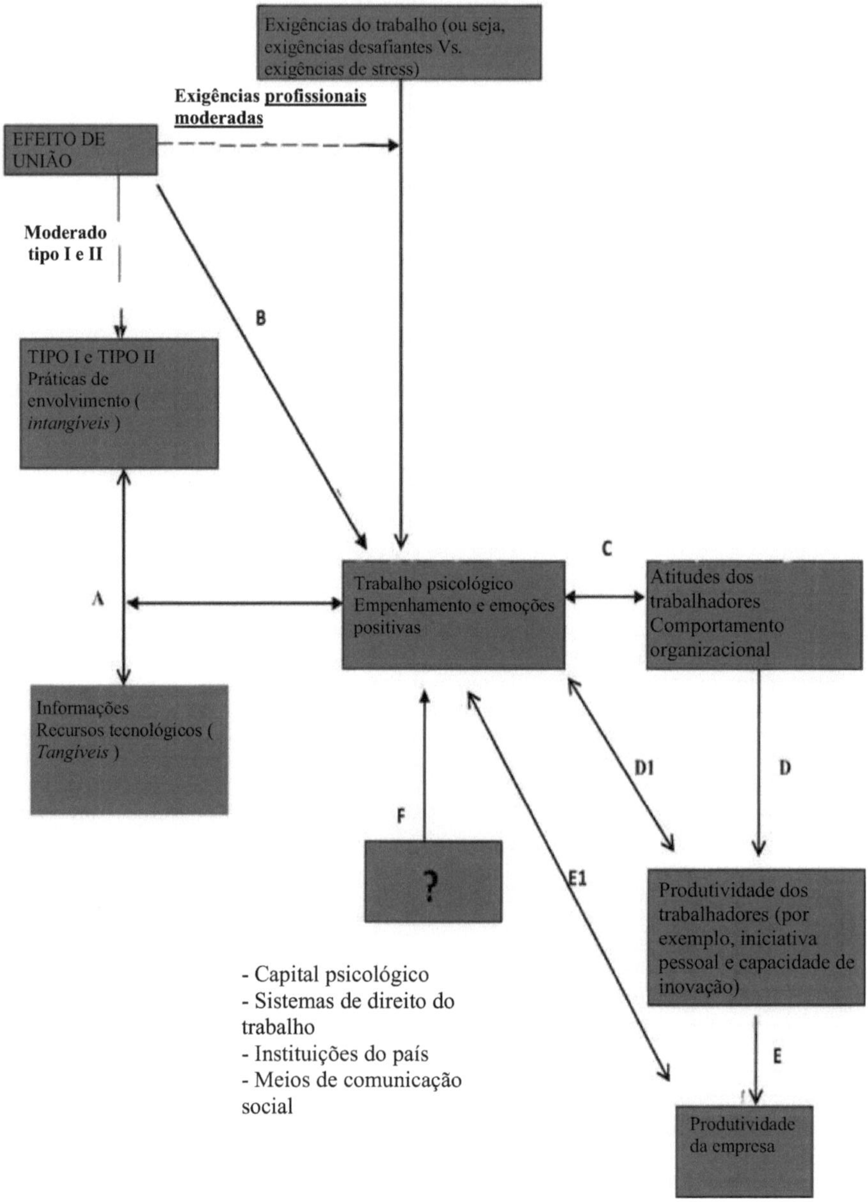

A via B do modelo de participação no trabalho é incluída porque é surpreendente que a investigação disponível sobre o sector das TI não mencione o papel dos sindicatos. O pressuposto de que as práticas de envolvimento T-1 e T-2 são meios utilizados pela gestão para excluir os sindicatos pode ser infundado, porque os estudos referidos anteriormente, por exemplo, o estudo sobre o sector das telecomunicações no Reino Unido, mostraram que os sindicatos da indústria das telecomunicações apoiam as práticas de envolvimento direto e funcionam como agentes de mudança que favorecem estas práticas de envolvimento (Batt, 2004). Por outras palavras, permitir a voz dos sindicatos associada às práticas de envolvimento de tipo 1 e de tipo 2 no sector das TI parece ser uma condição necessária para que os métodos sejam úteis.

A vantagem dos sindicatos não pode ser demasiado enfatizada, por exemplo, os sindicatos negoceiam para baixar o custo da prática no local de trabalho e os trabalhadores estão mais dispostos a participar em programas de envolvimento dos trabalhadores se os sindicatos protegerem a sua segurança no emprego (Black & Lynch, 2001; Gill & Krieger, 1999). De acordo com os pressupostos do modelo JD-R, presume-se que os recursos de TI no trabalho, como os computadores e as práticas de envolvimento, moderem as exigências severas (por exemplo, sobrecarga de funções) e desafiantes do trabalho (por exemplo, restrições de tempo) sobre o empenho no trabalho. Na mesma ordem de ideias, os sindicatos do sector das TI podem moderar as exigências profissionais desgastantes, como o conflito de papéis, a ambiguidade e a sobrecarga de trabalho, através da negociação colectiva, da negociação e da consulta, e podem ter êxito na alteração das decisões de gestão (por exemplo, um caso relatado na Índia, Kandathil & Varman, 2007).

O presente documento sugere, no entanto, que a estrutura e a atividade dos sindicatos nacionais permitem a adoção de vários graus de práticas de envolvimento que têm impacto no empenho no trabalho. Por exemplo, um sistema coordenado de negociação salarial e de codeterminação na Alemanha permite a adoção de uma prática de envolvimento de tipo 1 elevado, orientada para a partilha de informações (Muller-Jentsch, 1995; Casper et al., 1999). Nos Estados Unidos, sugere-se que uma negociação salarial livre e descentralizada permite a adoção de uma prática de envolvimento de tipo 2 elevado, orientada para o trabalho de equipa, ao nível da empresa (Katz e Colvin, 2011; Casper et al., 1999). Sugere-se que o Reino Unido, classificado como um sistema híbrido de negociação salarial, devido à sua afiliação ao sistema de negociação colectiva da UE e à tipologia norte-americana orientada para a gestão (ao nível da empresa), permita a adoção de práticas de envolvimento de baixo Tipo 1 e baixo Tipo 2. As práticas de envolvimento dos trabalhadores no sector britânico das TI não são nem elevadas no Tipo 1 nem no Tipo 2, provavelmente devido à "mentalidade de adoção" e ao conflito de interesses dos sistemas de negociação flexíveis e coordenados (Marchington et al., 2011; Arundel et al., 2007). Ver Quadro 4 (secção 6.2) para um quadro institucional que permite a adoção de práticas de envolvimento, tal como se reflecte na classificação dos países.

Uma terceira vantagem dos sindicatos no modelo PWE é que os sindicatos funcionam como espaço partilhado para a criação de conhecimento e espaço para a partilha de sentimentos e emoções. O conhecimento é criado, porque a socialização sindical facilita a partilha de experiências e modelos mentais, desde que existam múltiplas fontes de informação (Hussi, 2004; Kandathil & Varman, 2007). Em suma, a partir do modelo PWE (ver caminho B), os sindicatos validam a prática de envolvimento T-1 e T-2, também moderam as exigências excessivas do trabalho, e servem como um espaço partilhado para a construção de emoções positivas através de negociações bem sucedidas, o que tem um impacto positivo no envolvimento no trabalho. O modelo PWE também ajuda a encorajar os sindicatos a tirar partido da era dot (.) com através da rede social dos sindicatos, por exemplo, a rede social facebook dos sindicatos, onde os trabalhadores podem partilhar as suas experiências de trabalho, de modo a que os sindicatos tenham informação para moderar as exigências do local de trabalho, encorajando assim o envolvimento psicológico no local de trabalho (Martinez Lucio, 2010).

Um estudo interessante sobre o sector da alta tecnologia (por exemplo, indústrias relacionadas com as TI e a biotecnologia) revelou que, no sector da alta tecnologia, prevalecem os acordos contratuais de participação no capital, como os acordos de desenvolvimento conjunto, os pactos de investigação conjunta e os contratos de I&D. Os sindicatos desempenham efetivamente um papel importante no sector das TI (Hagedoorn Narula, 1996).

Os caminhos C, D e E tentam definir um caminho claro para a produtividade da empresa, em que o ponto de partida é o envolvimento no trabalho. O pressuposto de que os HPWS têm uma relação significativa com a produtividade da empresa é infundado se ignorarmos a caixa negra do capital humano, ou seja, uma força de trabalho desactivada é uma organização improdutiva, em termos de capital humano (Boselie, et al., 2005). O Caminho C do modelo PWE pressupõe que o PWE, através da conservação do pressuposto de recursos, coexiste com as atitudes dos empregados, como o empenhamento, e coexiste com o comportamento organizacional, como o comportamento extra-papel. É importante, no entanto, entender a lógica do PWE, pois não é a mesma coisa que atitudes no trabalho (Schaufeli & Bakker, 2010). Por exemplo, o comportamento extra-papel implica uma situação em que os trabalhadores poderiam fazer algo mais, por exemplo, trabalhar mais horas. Desde que os recursos do trabalho existam e sejam suficientes, os trabalhadores empenhados não se limitam a trabalhar mais horas, trazem algo diferente para o trabalho, por exemplo, a resolução criativa de problemas e a inovação (Schaufeli & Bakker, 2010).

O PWE não é um compromisso organizacional, porque o compromisso organizacional é um estado emocional de ligação. A EIP, por outro lado, é mais do que apego emocional, é absorção cognitiva para o trabalho, dedicação apaixonada ao trabalho e resiliência comportamental para o trabalho, porque coexiste com tangíveis e intangíveis de recursos de trabalho, e também tem impacto sobre esses recursos de trabalho por uma ligação recíproca, por exemplo, um grupo de resolução de problemas envolve os funcionários na criação de um software de TI radical. Além disso, os trabalhadores empenhados podem sugerir melhores formas ou modelos de envolvimento dos membros da equipa ou de reforço das redes de círculos de qualidade (Schaufeli & Bakker, 2010; Lam, 1994; Casper & Whitley, 2004). Embora o empenhamento organizacional seja uma força de ligação emocional, pode não ter impacto nos recursos do trabalho. Em suma, seguindo o pressuposto da conservação do recurso, a EIP aumenta as atitudes organizacionais, e as atitudes organizacionais positivas servem como recursos atitudinais para a EIP (ver caminho C).

O caminho D e E sugere que as atitudes corporativas e o comportamento organizacional teriam impacto na produtividade dos trabalhadores, como a criatividade e a inovação, porque os trabalhadores, através de recursos complementares do trabalho, estão empenhados no trabalho (Saks, 2006; Hakanen, 2009; Hakanen & Roodt, 2010). A produtividade dos trabalhadores (D1) e a produtividade da empresa (E1) são também aspectos dos recursos do posto de trabalho que podem ter impacto no empenho no trabalho, por exemplo, um feedback encorajador do desempenho devido à criatividade dos trabalhadores é um recurso para a absorção cognitiva e um comportamento mais resiliente em relação ao trabalho (Demerouti & Cropanzano, 2010; Salanova et al., 2010; Hakanen & Roodt, 2010).

O caminho-F pressupõe que outros recursos fora do T-1/T-2 e dos recursos de TI têm impacto no empenho no trabalho, por exemplo, os psicólogos organizacionais afirmaram que o otimismo, a auto-eficácia, o afeto positivo e a autoestima têm impacto na EIP (Sonnentag, et al., 2010; Sweetman & Luthans, 2010). Além disso, é possível que factores externos, como as leis governamentais, o apoio de agências internacionais (por exemplo, o Banco Mundial), as associações comerciais e industriais, as empresas multinacionais, a influência dos sindicatos na utilização das TI, as instituições religiosas que levantam questões morais ou éticas em relação à utilização das TI e, ainda, o efeito psicológico dos meios de comunicação social. Estes factores externos podem ter impacto na EIP (King et al., 1994). A próxima secção aborda os pressupostos teóricos das configurações nacionais ou internas das práticas de envolvimento T-1 e T-2 e a forma como estas afectam a EFP nos países estudados.

6.2 Conclusões sobre as EIP e a sua relação com as práticas de envolvimento dos trabalhadores e a partilha de informações a partir das configurações institucionais: convergência ou divergência?

O quadro 4 e a figura 4 tentam abordar a questão dos sistemas institucionais nacionais e o seu impacto no empenhamento no trabalho. Por outras palavras, aborda a segunda hipótese, com o objetivo de testar a proposta universalista dos sistemas de emprego sobre o EPT (Delery e Doty 1996). O argumento universalista pressupõe que existe uma melhor forma de organizar a prática laboral, por

exemplo, através de conjuntos de HPWS ou das 16 práticas mais eficientes de Pfeffer (1994) para gerir pessoas (Marchington & Wilkinson, 2008).
O princípio universalista afirma que, em todos os sectores e contextos empresariais, uma determinada prática de trabalho se adequa a todos os tipos de estratégia empresarial. No entanto, uma configuração de práticas de trabalho ideais afirma um princípio equifinal de práticas incorporadas por amplitude e profundidade. Por outro lado, o princípio da contingência pressupõe um ajuste entre o alinhamento horizontal das práticas de trabalho e a estratégia, por sector e, provavelmente, por contexto nacional (Delery e Doty, 1996; Cox et al., 2006). Um estudo sobre o universalismo nas fábricas de automóveis afirmava que, independentemente da localização (EUA, Japão, Europa, Austrália, Coreia, Taiwan, México e Brasil), as fábricas que utilizavam sistemas de trabalho baseados em equipas, formação extensiva e remuneração baseada no desempenho tinham um impacto positivo na qualidade e na produtividade (Macduffie, 1995). Na mesma linha, um estudo afirmava que três práticas de RH (participação nos lucros, avaliações orientadas para os resultados e segurança no emprego) tinham relações universalistas com medidas contabilísticas de desempenho (Delery & Doty, 1996). Em suma, estes pacotes são considerados específicos a estes sectores e apoiam a motivação dos trabalhadores e a aquisição de competências (Macduffie, 1995; Phipps, 1995).
No entanto, a tese geral do universalismo pode não ter validade no sector das TI, devido às configurações institucionais internas descritas no Quadro 4.

QUADRO 4

QUADRO INSTITUCIONAL PARA A ADOPÇÃO DE PRÁTICAS DE ENVOLVIMENTO PREVALECENTES NO SECTOR DAS TECNOLOGIAS DA INFORMAÇÃO ESPECÍFICAS DOS PAÍSES

INSTITUCIONAL	ALTO TIPO 1	LOW TYPE 1	ALTO TIPO 2	BAIXO TIPO 2
QUADRO PARA A ADOPÇÃO DE PRÁTICAS DE ENVOLVIMENTO	(Partilha de informações e delegação da responsabilidade de decisão, reuniões regulares entre a direção e a força de trabalho)	(Comunicação descendente dos gestores, boletins informativos regulares, sistema de sugestões)	(Equipas autogeridas, equipas em linha, grupos de resolução de problemas, equipas "ad-hoc")	(Equipas off-line, círculos de qualidade, equipas dirigidas por supervisores)
Sistema coordenado de negociação salarial	Alemanha	REINO UNIDO		
Negociação salarial liberal e descentralizada			EUA	REINO UNIDO

Partes interessadas				
sistema de governo das sociedades	Alemanha	REINO UNIDO		
Sistema acionista de governo das sociedades			EUA	REINO UNIDO
Relações TI entre empresas	EUA	REINO UNIDO	EUA	Reino Unido/Alemanha
Estratégia empresarial	EUA (Prospetor) Alemanha (Inovador)	Reino Unido (Defensor)	EUA (Prospetor) Alemanha (Inovador)	Reino Unido (defensor)
Flexibilidade externa do trabalho			EUA/REINO UNIDO	REINO UNIDO
Flexibilidade interna do trabalho	Alemanha	Reino Unido/Alemanha		
Elevado capital de risco para as empresas de TI em fase de arranque	EUA		EUA	

FIG 4

Sistemas de envolvimento dinâmico B: Envolvimento psicológico no trabalho do sector das TI a nível nacional

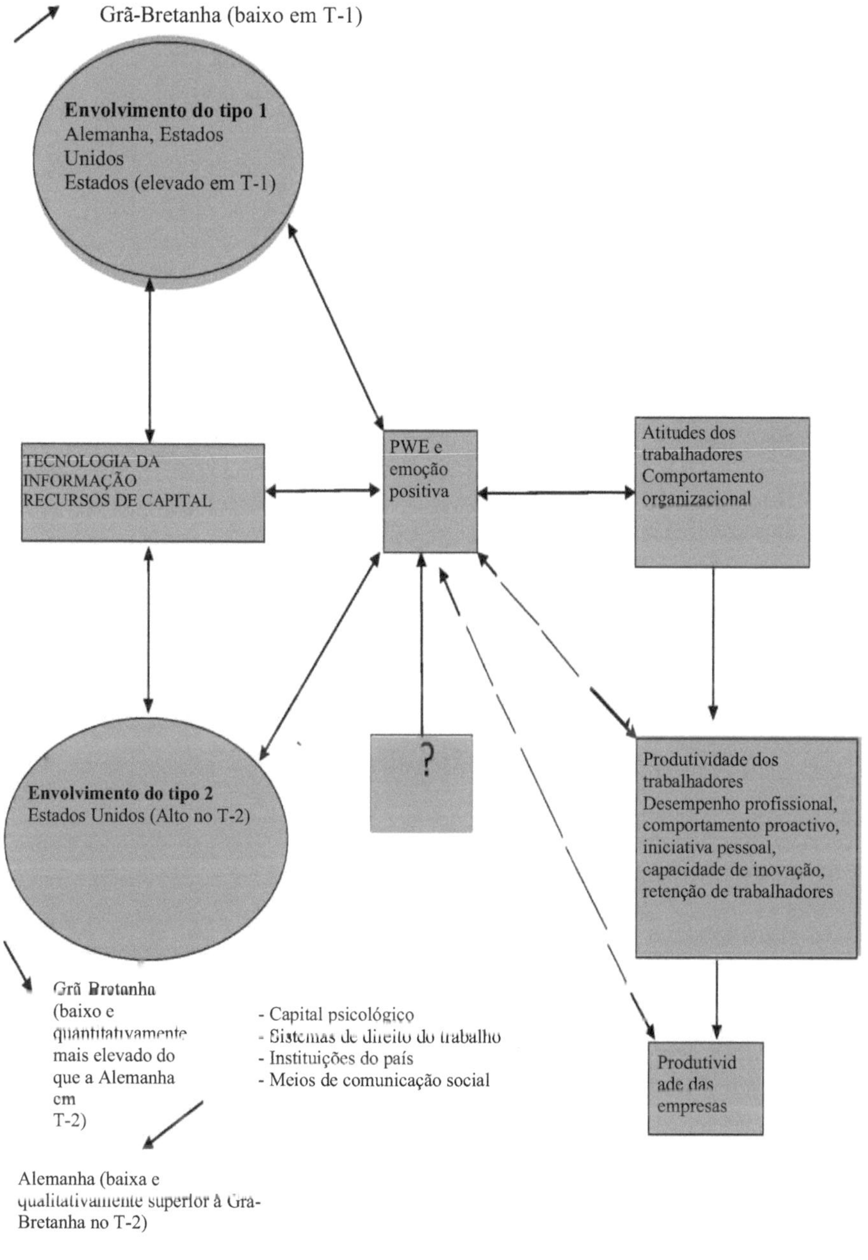

O Quadro 4 sugere que as práticas de trabalho de configuração T-1, por exemplo, a partilha de informações, e T-2, por exemplo, os grupos de resolução de problemas e os círculos de qualidade, embora complementem o investimento em TI, são contingentes e não universais. Por exemplo, nos Estados Unidos, prevalecem práticas T-1 e T-2 elevadas, que se enquadram na cultura de trabalho de inovação radical ou na estratégia de prospeção dos sistemas orientados para o mercado. O capital de risco, o mercado de controlo empresarial e o sistema de trabalho externo flexível coexistem com práticas de envolvimento T-1 e T-2 elevadas; e o mercado financeiro valoriza as organizações que adoptam estas práticas de envolvimento (Brynjolfsson et al., 1998). Por outras palavras, a gestão de TI do sistema de acionistas encontra-se presa à utilização elevada de práticas de envolvimento T-1 e T-2 para a preocupação e o retorno dos acionistas. É interessante descobrir que o Vale do Silício aperfeiçoa esse modelo de participação (Bahrami, 1992).

A descoberta interessante é que os trabalhadores norte-americanos do sector das TI, através do princípio darwiniano (ou da flexibilidade do trabalho externo), se adaptaram a esta seleção natural ou síndrome da sobrevivência do mais apto, estando assim empenhados, através da adaptabilidade, na inovação criativa e radical (Tushman & O'Reilly, 1996). Os EUA estão classificados com a Alemanha na prática de envolvimento T-1 elevado, porque as instituições nacionais alemãs apoiam o fluxo de informação para a inovação incremental das TI e os sistemas empresariais de software ERP orientados para o cliente. As instituições da Alemanha, tais como as leis de codeterminação, o sistema de aprendizagem organizado e o sistema financeiro baseado em bancos, são provavelmente recursos institucionais que mantêm os empregados presos, para se envolverem em competências incrementais específicas da empresa, que são, no entanto, sistemas produtivos de inovação não radical em TI, em comparação com o sector das TI dos EUA (Casper & Whitley, 2004).

Os EUA também estão classificados com o Reino Unido no que se refere à prática de envolvimento T-2, mas, enquanto o sector das TI do Reino Unido se baseia principalmente em círculos de qualidade dirigidos por supervisores e em equipas off-line, o sector das TI dos EUA baseia-se em equipas on-line e autogeridas, que são temporárias ou ad-hoc.

As instituições alemãs, como o sistema empresarial de co-determinação e os sistemas de formação que são específicos da empresa, podem ser recursos institucionais que incentivam um modelo de partes interessadas e, por conseguinte, envolvem os trabalhadores numa prática de elevado envolvimento T-1 (Rubery & Grimshaw, 2003; Lorsch & Graff, 2000). Por outro lado, o sector britânico das tecnologias da informação, que é um pouco semelhante ao sector norte-americano das tecnologias da informação, no que diz respeito ao capital de risco e às práticas de envolvimento T-1 e T-2, é sugerido como um caso atípico no modelo de envolvimento no trabalho (ver figura 4). De acordo com os estudos referidos nas secções anteriores, o sector britânico das TI parece ter uma pontuação muito baixa nas práticas de envolvimento T-1 e T-2, talvez devido ao pressuposto da "japonização desagregada", em que as práticas de envolvimento T-2 do Japão não foram totalmente adoptadas (Rubery & Grimshaw, 2003; Feritas, 2011). Além disso, talvez o sector das TI da Grã-Bretanha adopte uma estratégia empresarial defensiva na inovação das TI, como sugerido pela tipologia estratégica de Miles e Snow (1978), em que os defensores estão envolvidos em pouca investigação e desenvolvimento, e também importam tecnologia de fora da organização, ou seja, a mentalidade das TI de adoptantes de tecnologia, em vez de inovadores ou modificadores de tecnologia (Casper & Whitley, 2004).

A Grã-Bretanha faz parte da UE, e a UE é conhecida pelos seus sistemas de participação e consulta no local de trabalho (Waddington, 2011). No entanto, o sistema de consulta e a delegação de autoridade de tomada de decisões no local de trabalho das TI podem ser fracos no sector britânico das TI, como sugerido num dos estudos (Arundel et al., 2007). Em suma, enquanto o sistema de estratégia empresarial do sector das TI dos EUA pode ter as caraterísticas de prospetor, os métodos de estratégia empresarial das TI alemãs podem ser classificados como

como analisadores/inovadores, enquanto os sistemas de estratégia empresarial do sector britânico das TI podem ser classificados como defensores. Se este for o padrão, então, estes podem ser conflitos institucionais que impedem o sector britânico de TI de adotar um modelo californiano ativo de práticas de envolvimento T-1 e T-2 elevado que têm impacto no envolvimento no trabalho (Miles &

Snow, 1978; Bakker & Leiter, 2010).
Globalmente, o sector das TI nos países em estudo pode ter convergido na adoção de práticas de envolvimento T-1 e T-2 para complementar o investimento em TI. No entanto, os efeitos de dependência institucional podem revelar a razão pela qual as práticas de envolvimento T-1 são elevadas na Alemanha e nos EUA, a prevalência do envolvimento T-2 é elevada nos EUA e, por outro lado, a razão pela qual o sector britânico das TI é considerado pouco ativo nas práticas de envolvimento T-1 e T-2. Os elementos intangíveis do sector britânico das TI podem ser insuficientes para envolver psicologicamente a mão de obra do sector das TI, de acordo com o princípio da conservação dos recursos (Hobfoll, 2002).
Em resumo, o sector das TI de outros países, com os seus intangíveis específicos, ou seja, o tipo de configuração (T-1 e T-2) nos EUA e o tipo contingente na Alemanha (T-1), sugere que o envolvimento psicológico no trabalho é um conceito universal, mas as vias para o envolvimento no trabalho são divergentes devido às configurações institucionais (Delery & Doty, 1996).

6.3 Recomendações sobre a teoria do envolvimento no trabalho para a prática organizacional: Organizações britânicas de TI e não só

Esta secção vai apresentar um modelo de compromisso empresarial que pode ter impacto nas organizações de TI na Grã-Bretanha e não só.
A Figura 5 resume os sistemas teóricos sobre a EIP discutidos nas secções anteriores, ou seja, a tese complementar dos recursos do posto de trabalho (tangíveis) e dos sistemas de envolvimento (intangíveis). O modelo empresarial redefine o conceito de sistema de envolvimento dos trabalhadores. Em vez de considerar o sistema de envolvimento dos trabalhadores como macro e micro sistemas que devem funcionar de forma diferente, o sistema de envolvimento é um termo de interação, que tira partido do princípio da conservação dos recursos. Em termos simples, este documento sugere que o envolvimento dos trabalhadores deve ser definido como práticas de envolvimento, tais como sistemas de envolvimento, que permitem que os trabalhadores se envolvam no trabalho. Não negligenciando, evidentemente, o impacto dos recursos tangíveis que facilitam o empenhamento no trabalho. Por outras palavras, o capital humano e as práticas de envolvimento dos trabalhadores são recursos de envolvimento organizacional, que complementam o capital empresarial, como as infra-estruturas e o capital de risco. É a interação destes recursos que tem impacto no desempenho da empresa, onde todos os sistemas de recursos servem de raízes ou pontos de equilíbrio para o desempenho da empresa. O diagrama sugere que o sistema empresarial de contratação não prevê um pressuposto causal; pelo contrário, todos os sistemas são facilitadores de outros sistemas e recursos. Já é tempo de os profissionais do sistema de emprego reorientarem os pressupostos da investigação, por exemplo, a adoção de uma mentalidade complementar conta uma história melhor do que a sugestão de modelos causais, embora os modelos causais sejam mais definitivos de um processo.
Uma ilustração simples sugere que, quando um avião se despenha, os engenheiros aeronáuticos consultam a caixa negra para compreenderem a razão do acidente, da mesma forma, quando uma organização atinge o fundo do poço, por exemplo, no caso da Northern Rock (Mail online, junho de 2008), as pessoas consultam a caixa negra, por exemplo, a direção e as partes interessadas, para compreenderem a forma como os negócios foram conduzidos. No entanto, fora das forças de mercado, é de facto correto questionar as regras de empenhamento na condução dos negócios, por exemplo, se os empregados estavam empenhados no trabalho (dedicação, absorção, resiliência) e que tipo de práticas organizacionais, tais como T-1 (tomada de decisões descentralizada e partilha de informações) e T-2 (grupos de resolução de problemas), foram adoptadas pela gestão; não esqueçamos que a oferta inadequada de recursos T-1 e T-2 leva ao esgotamento dos recursos acumulados (Hobfoll, 2002). As práticas organizacionais complementam o capital humano, tal como o capital humano equilibra as práticas organizacionais; estes sistemas são o equilíbrio entre os activos de capital e o capital de risco. É aqui que reside a caixa negra do modelo empresarial ou as regras de empenhamento ou o sistema de derivação empresarial.

MODELO EMPRESARIAL DE COMPROMISSO (SHUNT): ORGANIZAÇÕES DE TI E MAIS ALÉM

FIG 5

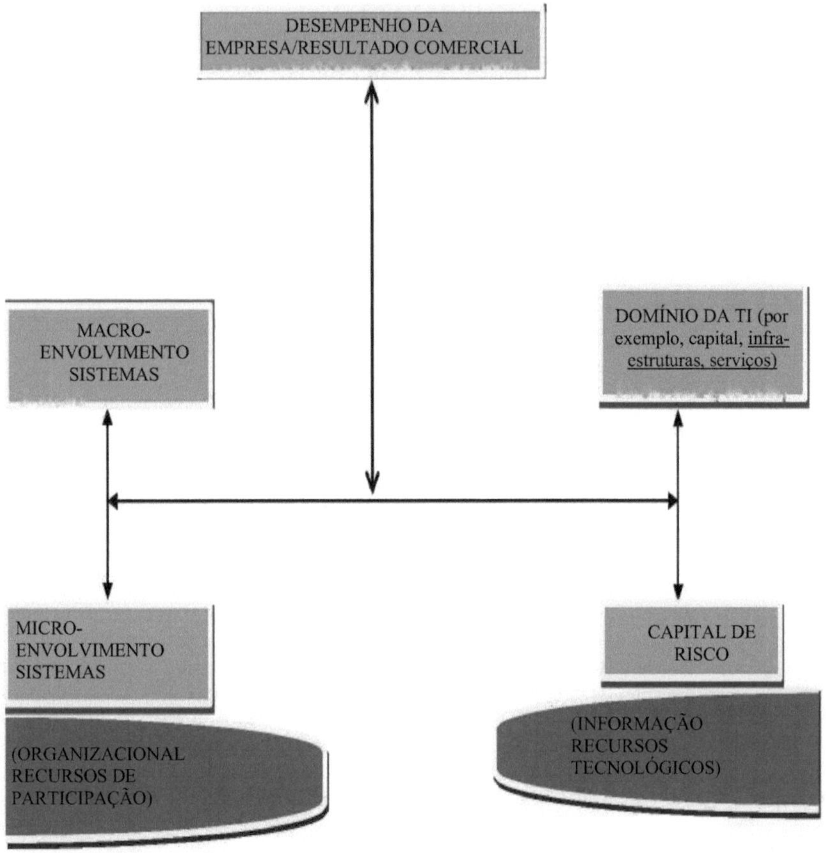

Uma recomendação para o sector britânico das TI: Uma vez que a lógica das práticas de envolvimento T-1 e T-2 e o seu impacto no empenho no trabalho podem aplicar-se ao sector das TI, é necessário realizar um vasto leque de entrevistas qualitativas com trabalhadores e gestores do sector das TI para identificar estas práticas de envolvimento ou intangíveis. Por exemplo, a Google dispõe de um rico recurso de comunicação (McCleod e Clarke, 2009). É importante investigar o processo deste recurso e aplicar este conhecimento a outros sectores das TI.

Este relatório sugere que o sector britânico das TI tem um baixo nível de T-1 e T-2. É necessário realizar entrevistas qualitativas noutros sectores das TI, como a Alemanha e os EUA, para melhorar o conhecimento das práticas T-1 e T-2 prevalecentes no sector das TI nesses países. O custo da realização destas entrevistas poderia ser suportado pelo Ministério das Empresas, da Inovação e das Competências. Nunca é demais sublinhar que o sector britânico das TI precisa de tirar partido do capital de risco e das empresas em fase de arranque no domínio das TI.

6.4 Limitações do estudo e recomendações para estudos futuros

A lógica deste documento não se refere a nenhuma empresa de TI em particular, mas a uma variedade de organizações que são empresas com elevado investimento em TI. Outra limitação deste relatório decorre do facto de o PWE ter sido sugerido como um fator de caraterística, em vez de um fator de contexto de trabalho-estado. No entanto, a escala Utretch de empenhamento no trabalho é capaz de medir o empenhamento no trabalho se os itens forem reformulados para captar as percepções dos trabalhadores sobre os recursos do emprego que complementam o empenhamento no trabalho; ver em anexo as sugestões para modificar a escala Utretch de empenhamento no trabalho. Também será necessário entrevistar trabalhadores de diferentes profissões e sectores para captar os chamados recursos do posto de trabalho (tangíveis e intangíveis) que os trabalhadores sugerem ter impacto no seu bem-estar no trabalho.

O princípio que liga as práticas de envolvimento dos trabalhadores (T-1 e T-2) e o empenho no trabalho baseou-se em três modelos (COR, JD-R e BAB); outras teorias da motivação podem sugerir o contrário (Muchinsky, 2003; Boxall, 2012). Enquanto escrevia este artigo, fiquei comovido com as motivações da análise da meta-investigação, porque sugere que os sistemas de meta-investigação são universalistas e presume-se que tenham mais impacto do que os métodos de configuração (Wright & Boswell, 2002; Boselie et al., 2005). A meta-análise da GRH estratégica parece ser um conceito universalista porque assume que os conjuntos (Gestalt) de práticas de RH são sempre melhores do que uma agenda de investigação sobre a soma das suas partes em termos de estrutura e função (Boselie et al., 2005). No entanto, é igualmente importante compreender e saber em que é que as partes são melhores. Por exemplo, no corpo, sabemos que as mãos são melhores para comer ou escrever ou mesmo para agarrar um adversário num combate de luta livre. Assim, também as práticas de envolvimento T-1 e T-2 são partes funcionais do HPWS que complementam o sector das TI. Este documento demonstrou que as práticas de envolvimento T-1 e T-2 são recursos laborais intangíveis competitivos que complementam os investimentos em TI do sector das TI, ou seja, as indústrias de computadores e telecomunicações e outras organizações que são grandes utilizadoras de TI. As práticas de envolvimento T-1 e T-2, como a partilha de conhecimentos e de informações e as redes de resolução de problemas, são práticas organizacionais valorizadas no sector das TI, porque os recursos de capital do sector das TI, como a criação de software, permitem a descentralização das actividades de trabalho e a adoção dos intangíveis T-1 e T-2. No entanto, as T-1 e T-2 podem não ser as melhores práticas de RH para os sectores não informáticos ou para as indústrias que são utilizadores comuns das TI.

Em suma, as práticas de envolvimento T-1 e T-2 podem não ser as melhores para departamentos que não sejam de TI ou para indústrias que não sejam utilizadores regulares de TI, tal como as pernas não foram feitas para desempenhar as funções da mão. Para o pacote estratégico de GRH, é necessário investigar outras partes funcionais do HPWS, tais como a remuneração relacionada com o desempenho, a análise e avaliação do desempenho e outros sistemas de envolvimento macro, etc., que podem ser intangíveis competitivos adequados noutros sectores não IT, ou mesmo variedades de áreas IT (Brynjolfsson et al., 2002; Casper & Whitley, 2004). É importante descobrir como e por que razão as caraterísticas sectoriais e institucionais motivam ou dificultam a adoção de configurações de práticas de RH, em vez de pacotes.

Os profissionais da gestão e da tecnologia referem-se aos intangíveis como processos que não podem ser medidos pela informação contabilística, mas que constituem uma variação significativa na produção total dos factores, pelo que outros intangíveis, como a investigação e o desenvolvimento, a publicidade e os sistemas de informação, devem ser investigados quanto ao seu impacto no empenho no trabalho. Em suma, o debate sobre os intangíveis é inconclusivo (estas questões são discutidas em Kaufman & Schneider, 2004). Por outro lado, há quem defenda que os indicadores não monetários de capital humano dos intangíveis podem ter impacto no envolvimento no trabalho ou no EPT, tais como a estrutura da composição da força de trabalho, por exemplo, a estrutura etária da força de trabalho, a estrutura de género, o nível de educação, o índice de saúde e o índice de competência. Os intangíveis não monetários da estrutura interna também podem ter impacto, como a taxa de acidentes, a taxa de horas extraordinárias, o pessoal de apoio, o número de computadores pessoais por trabalhador, etc. Os intangíveis não monetários da estrutura externa, como a base de clientes, a base de fornecedores e o índice de satisfação dos clientes, também podem ter um impacto. Em suma, estes indicadores intangíveis não monetários podem ter impacto no empenhamento no trabalho ou na capacidade de criatividade e inovação dos trabalhadores (Ahonen, 2001). Será interessante descobrir de que forma estes intangíveis organizacionais interagem, complementam, suplementam ou enfraquecem o HPWS ou a prática de trabalho empresarial e a PWE.

As forças institucionais, por exemplo, os sistemas e as reformas da legislação laboral, podem ter impacto na EIP, por exemplo, as reformas da legislação laboral (Nakakubo, 2004). Uma edição de 2004 da revista Japan labour review revelou que a legislação japonesa em matéria de contratos de trabalho é discricionária e parece favorecer a prática do envolvimento T-2 da mão de obra das TI, uma vez que os empregadores não dão instruções a estes grupos de trabalhadores sobre a forma de desempenharem as suas tarefas ou a atribuição de horas de trabalho, o que pode ter um impacto na estrutura T-2 e na perceção do empenhamento dos trabalhadores no trabalho (Nakakubo, 2004).

Por outras palavras, a minha análise não aprofundou as contingências institucionais que podem ter impacto no empenho no trabalho, pelo que é necessário investigar as forças institucionais e o seu impacto no PWE.

Por último, as organizações são aconselhadas a concentrar-se na melhoria dos recursos do posto de trabalho e dos recursos psicológicos (por exemplo, capital psicológico) que ajudarão os trabalhadores a atingir os objectivos de trabalho e a estimular o crescimento pessoal, a aprendizagem e o desenvolvimento através da formação em auto-eficácia, porque, independentemente do estatuto profissional, da posição no trabalho ou da profissão, é possível sentir-se vigoroso, dedicado e alcançar um sentimento de absorção cognitiva, ou seja, de envolvimento com o trabalho (Hakanen & Roodt, 2010; Maurer, 2001; Halbesleben, 2010).

6.5 Conclusão

Esta investigação tentou estabelecer uma diferença entre a participação [psicológica] no trabalho e as práticas de participação dos trabalhadores, sugerindo, ao mesmo tempo, que estes sistemas de participação estão reciprocamente relacionados através de uma conservação de recursos e de uma modelação dos recursos do trabalho.

Abordando as questões de investigação, podemos dizer que as práticas de envolvimento (intangíveis), a partilha de informações e os recursos tangíveis (TI) do trabalho são recursos conservados, que estão reciprocamente relacionados com o envolvimento no trabalho. O sector das TI proporciona um ambiente propício ao envolvimento no trabalho através de uma estrutura de trabalho descentralizada e de uma variedade de recursos de TI. O envolvimento no trabalho é composto por três constructos primários, através do vigor ou da resiliência, da absorção e da dedicação emocional, que têm impacto no bem-estar dos trabalhadores no trabalho.

O estudo do sector das TI demonstrou claramente que em todos os países estudados, ou seja, nos EUA, na Grã-Bretanha e na Alemanha, o envolvimento no trabalho é um conceito universal que está reciprocamente relacionado com a prática de envolvimento, porque o sector das TI proporciona o ambiente propício à adoção de práticas de envolvimento dos trabalhadores ou intangíveis. Além disso, a lógica do estudo sugere que as práticas de envolvimento em relação às HPWS têm um impacto único no envolvimento no trabalho no sector das TI.

Além disso, de acordo com as perspectivas do contexto institucional ou as variedades de capitalismo e de sistemas de estratégia empresarial, as práticas de envolvimento não são universais, mas sim configurações, dependendo da estratégia empresarial do sector das TI e do contexto institucional que permite a prevalência destas práticas de envolvimento. Além disso, os sindicatos podem ter um impacto significativo na EIP.

As hipóteses do presente documento são teoricamente orientadas e baseiam-se numa investigação documental. Este documento não dispõe de dados quantitativos próprios para confirmar a sua hipótese. Os pressupostos do presente documento baseiam-se numa análise empírica no sector das TI a partir de uma vasta gama de revistas.

O envolvimento [psicológico] no trabalho abre uma perspetiva totalmente nova para os profissionais de recursos humanos (Boxall, 2012). A teoria do modelo de envolvimento que foi sugerida neste artigo está aberta à investigação empírica no sector das TI e não só. [st] Este artigo incentiva os profissionais de emprego de diferentes áreas a sincronizarem ideias que irão envolver a força de trabalho do século XXI (Thompson, 2011).

REFERÊNCIAS

Ahonen, G. (2001) "Generative and commercially exploitable intangible assets", em Grojer, J.E. e Stolowy, H. (Eds), *Classification of intangibles*, Groupe HEC, Josas, pp 20613

Appelbaum, E., Bailey, T., Berg, P. & Kalleberg, A. (2000). *Manufacturing Advantage: Why HighPerformance Work Systems Pay Off*, Ithaca, NY: Cornell University Press.

Arthur, J.B. (1994) "Effects of Human Resource Systems on manufacturing performance and turnover", *Academy of Management journal*, 37 (3), 670-687

Arundel, A., Lorenz, E., Lundvall , B., & Valeyre, A. (2007). How Europe's economies learn: a comparison of work organization and innovation mode for the EU-15", *Industrial and Corporate Change*, 16 (6), pp. 1175-1210

Bahrami, H. (1992) "The Emerging Flexible Organisation: Perspectives from Silicon Valley" *California Management Review*, 34(4), 33-48

Bakker, A. B., & Demerouti, E. (2007). The Job Demands-Resources model: state of the art. *Journal of Managerial Psychology*, 22, 309-328.

Bakker, A. B., Demerouti, E., & Verbeke, W. (2004). Using the Job Demands-Resources model to predict burnout and performance, *Human Resource Management Journal*, 43, 83-104

Bakker, A. B., van Emmerik, I. H., Geurts, S. A. E., & Demerouti, E. (2008). *A recuperação transforma as exigências do trabalho em desafios: A diary study on work engagement and performance*. Documento de trabalho. Universidade Erasmus de Roterdão.

Bakker, A.B. & Schaufeli, W.B. (2008). Comportamento organizacional positivo: Colaboradores empenhados em organizações prósperas. *Journal of Organizational Behavior*, 29, 147-154.

Bakker, A.B. &Leiter, M.P., (2010). Where to go from here: Integration and future research on work engagement In A.B. Bakker & M.P. Leiter, (Eds.), *Work engagement: A handbook of essential theory and research*. New York: Psychology Press. Edição Kindle

Batt, R. (2004) 'Who Benefits from Teams? Comparing Workers, Supervisors, and Managers", *Industrial Relations*, 43 (1), 183-212

Black, S.E., & Lynch, L.M. (2001) 'How to compete: the impact of workplace practices and information technology on productivity', *The Review of Economics and Statistics*, 83(3): 434-445

Boselie, J. P., Dietz, G., & Boon, C. (2005) 'Commonalities and contradictions in research on human resource management and performance', *Human Resource Management Journal*, 15 (3), 67-94

Boxall, P. (2012) "Sistemas de trabalho de elevado desempenho: o quê, porquê, como e para quem? *Jornal de recursos humanos da Ásia-Pacífico*, 50, 169-186

Bresnahan, T.F., & Brynjolfsson, E., & Hitt, L.M. (2002) 'Information technology, Workplace organization, and the demand for skilled labor: Firm-level evidence", *The Quarterly Journal of Economics*, 339-375, (fevereiro) (Fonte: Http://Qje.Oxfordjournals.Org/)

Brummer, A. (2008). The man who crocked northern rock-and how the scandal cost £55 Billion, http://www.dailymail.co.uk/news/article-1026384/The-man-crocked-Northern-Rock-- scandal-cost-55-BILLION.html

Brynjolffson, E. (1993). 'The productivity paradox of information technology', *Communications of the ACM*, dezembro, 36 (12), 67-77

Brynjolfsson , E., & Yang, S. (1997) 'The intangible benefits and costs of investments: evidence from financial markets', Actas da décima oitava conferência internacional sobre sistemas de informação, p.147, December 14-17, , Atlanta, Georgia, United States

(Fonte:http://delivery.acm.org/10.1145/360000/353118/p147-brynjolfsson.pdf?ip=130.88.51.108&acc=ACTIVE%20SERVICE&CFID=128369613&CFTOKEN=25678533& acm =1342606931 cd73a5273a29fe2ae78ce0344e66f3b1)
Brynjolfsson, E., & Hitt, L.M. (2000) 'Beyond Computation: Information Technology, Organizational Transformation and Business Performance", *The Journal of Economic Perspectives*, 14 (4) (outono), pp. 23-48
Brynjolfsson, E., Hitt, L.M., & Yang, S. (1998) 'Intangible assets: How the interaction of computers and organizational structure affects stock market valuations' 98 proceedings of the international conference on information systems, pp 8-29 (Fonte: http://dl.acm.org/citation.cfm?id=353055)
Brynjolfsson, E., Hitt, L.M., & Yang, S. (2002) 'Intangible assets: computers and organizational capital' *Brookings Papers on Economic Activity*, 1 pp. 137-181 (http://www.jstor.org/stable/1209176 .Acedido em: 27/06/2012 , 08:22)
Bryson, A. (2004). "Managerial Responsiveness to Union and Nonunion Worker Voice in Britain", *Industrial Relations*, 43 (1), 213-241
Bryson, A., Charlwood, A., & Forth, J. (2006) "Worker voice, managerial response and labour productivity: an empirical investigation", *Industrial Relations Journal* 37 (5), 438-455
Bryson, A., J. Forth e S. Kirby (2005), "High Involvement Management Practices, Trade Union Representation and Workplace Performance in Britain", *Scottish Journal of Political Economy*, 52, 3, 451-491
Casper, S., & Whitley, R. (2004) 'Managing competences in entrepreneurial technology firms: a comparative institutional analysis of Germany, Sweden and the UK', *Research Policy*, 33, 89-106
Casper, S., Lehrer, M., & Soskice, D. (1999) 'Can high-technology industries prosper in Germany? Institutional frameworks and the evolution of the German Software and Biotechnology industries", *Industry and Innovation*, 6 (1), 5-24
Chandler, A. (1962) *Strategy and Structure: Chapters in the history of the American industrial enterprise*. Cambridge, MIT Press
Clegg, k., Axtell, C., Damodaran, L., Farbey, B., Hull, R., Lloyd-Jones, R., Nicholls, J.,Sell, R., & Tomlinson, C. (1997): Information technology: a study of performance and the role of human and organizational factors, *Ergonomics*, 40:9, 851-871
Coase, R. (1937). "The Nature of the Firm". *Economica* 4(novembro): 386-405.
Cooke, P. (2001) "New economy innovation systems: Biotechnology in Europe And The USA", *Industry and Innovation*, 8 (3), 267-289
Cooke, W.N. (1994). Programas de participação dos trabalhadores, incentivos baseados em grupos e desempenho da empresa: uma comparação entre sindicatos e não sindicatos". *Industrial & Labor Relations Review*, 47 (4), 594-609.
Cox, A., Zagelmeyer, S., & Marchington, M. (2006) 'Embedding employee involvement and Participation at work', *Human Resource Management Journal*, 16 (3), 250-267
Dedrick, J., Gurbaxani, V., & Kraemer, K. (2003) 'Information Technology and Economic Performance: A Critical Review of the Empirical Evidence", *ACM Computing Surveys*, Vol. 35, No. 1, 1-28
Delbridge, R. e Whitfield, K. (2001) 'Employee perceptions of job influence and organizational participation', *Industrial Relations*, 40: 472-489.
Delery, J.E. & Doty, D.H (1996) 'Modes of theorizing in strategic Human Resource Management: Tests of Universalistic, Contingency, And Configurational Performance Predictions" *Academy of Management journal*, 39 (4), 802-835.
Delery, J.E., & Doty, D.H. (1996) 'Modes of theorizing in strategic human resource management: Tests of universalistic, contingency, and configurational performance predictions", *Academy of Management journal*, 39 (4), 802-835

Demerouti, E., & Cropanzano, R. (2010) 'From thought to action: Employee work engagement and job performance' In Bakker, A.B., & Leiter, M. P. (eds). *Work Engagement: A Handbook of Essential Theory and Research* .Psych Press. Edição Kindle.

Demerouti, E., Bakker, A. B., Nachreiner, F., & Schaufeli, W. B. (2001). The job demands- resources model of burnout. *Journal of Applied Psychology*, 86, 499-512.

Devaraj, S., & kohli, R. (2000) 'Information technology payoff in the health-care industry: a longitudinal study', *Journal of Management Information Systems*, (spring), 16 (4) pp. 41-67.

Dundon, T., Wilkinson, A., & Marchington, M. (2004) 'The meanings and purpose of employee voice', *International Journal of Human Resource Management,* 15(6), 1149-1170

Dutta, S., & Evrard, P. (1999). 'Information technology and organization within European small enterprises', *European management Journal*, 17(3), 239-251

Field, A. (2005). *Discovering statistics using SPSS* (2nd edn.), Londres: Sage Publications Ltd.

Florida, R., e Kenney, M. (1993). 'The New Age of Capitalism: Innovation-mediated Production', Futures, julho/agosto,

Francalanci, C., & Galal, H. (1998). 'Information Technology and Worker Composition: Determinants of Productivity in the Life Insurance Industry" *MIS Quarterly,* 22 (2) (Jun.,), pp. 227-241.

Fredrickson, B. (2000). Porque é que as emoções positivas são importantes nas organizações. Lições do modelo broaden-and-build. *The Psychologist Manager Journal*, 4, 131-142.

Fredrickson, B. L., & Losada, M. F. (2005). Positive affect and the complex dynamics of human flourishing. *American Psychologist*, 60, 678-686.

Frege, C., Kelly, J. & McGovern, P. (2011) 'Richard Hyman: Marxism,Trade Unionism and Comparative Employment Relations", *British Journal of Industrial relations*, 49 (2), 209-230

Freitas, I.M.B (2011). 'Technological learning environments and organizational practices- cross-sectoral evidence from Britain', *Industrial and Corporate Change, 20 (5)* pp.1439-1474

Gill, C., & Krieger, H. (1999) 'Diret and representative participation in Europe: recent survey evidence', *The International Journal of Human Resource Management*, 10 (4), 572-591

Godard, J. (2004) "A Critical Assessment of the High-Performance Paradigm", *British Journal of Industrial Relations*, 42 (2), 349-378

Gospel, H. & Pendleton, A. (2005) 'Corporate governance and labour management: An international comparison", em H. Gospel & A. Pendleton (eds.) *Corporate Governance and Labour Management: An International Comparison*, Oxford: OUP, pp. 1-32.

Hagedoorn, J., & Narula, R. (1996). 'Choosing Organizational Modes of Strategic Technology Partnering: International and Sectoral Differences", *Journal of International Business Studies*, 27 (2), (2nd Qtr.), pp. 265-284

Hakanen, J. J. (2002b). Tyouupumuksesta tyon imuun - positiivisen tyohyvinvointikasitteen ja - menetelman suomalaisen version validointi opetusalan organisaatiossa [Do burnout ao compromisso no trabalho - validação da versão finlandesa de um instrumento para medir o compromisso no trabalho (UWES) numa organização educativa]. *Tyo ja ihminen*, 16, 42-58.

Hakanen, J. J. (2009). Os trabalhadores empenhados têm um melhor desempenho no trabalho? The motivating power of job resources and work engagement on future job performance. Em M. Christensen (Ed.), *Validation and test of central concepts in positive work and organizational psychology* - The second report of the Nordic Project.

Copenhaga: Conselho Nórdico de Ministros.
Hakanen, J. J., & Lindbohm, M. L. (2008). Work engagement among breast cancer survivors and their referents: A importância do otimismo e dos recursos sociais no trabalho. *Journal of Cancer Survivorship*, 2, 283-295.
Hakanen, J. J., Bakker, A. B., & Schaufeli, W. B. (2006). Burnout and work engagement among teachers. *Journal of School Psychology*, 43, 495-513.
Hakanen, J. J., Perhoniemi, R., & Toppinen-Tanner, S. (2008). Positive gain spirals at work: From job resources to work engagement, personal initiative, and work-unit innovativeness. *Journal of Vocational Behavior*, 73, 78-91.
Hakanen, J.J., & Roodt, G. (2010) 'Using the job demands-resources model to predict engagement: Analysing a concetual model' In A.B. Bakker & M.P. Leiter (Eds.), *Work engagement: A handbook of essential theory and research*. New York: Psychology Press. Edição Kindle
Halbsleben, J.R.B (2010) 'A meta-analysis of work engagement: Relationships with burnout, demands, resources, and consequences' In Bakker, A. B., Leiter, M. P. (eds). *Work Engagement: A Handbook of Essential Theory and Research*. Psych Press. Edição Kindle.
Hallberg, U., & Schaufeli, W. B. (2006). "Same same" but different: Pode o empenhamento no trabalho ser discriminado do envolvimento no trabalho e do compromisso organizacional? *Jornal Europeu de Psicologia*, 11, 119-127
Hobfoll, S. E. (2002). Recursos sociais e psicológicos e adaptação. *Review of General Psychology*, 6, 307-324.
Hussi, T. (2004), "Reconfiguring knowledge management - combining intellectual capital, intangible assets and knowledge creation", *Journal of Knowledge Management*, 8 (2) pp. 36 - 52
Hyman, R. (1980). Theory in industrial relations: towards a materialist analysis". Em P. Boreham e G. Dow (eds), *Work and Inequality*. Melbourne: Macmillan, pp. 38-59.
Isen, A. M. (2000). Positive affect and decision making. Em M. Lewis & J. M. Haviland-Jones (Eds.), *Handbook of emotions* (2ª ed., pp. 417-435). New York: Guilford Press.
Isen, A. M. (2002). Um papel para a neuropsicologia na compreensão da influência facilitadora do afeto positivo no comportamento social e nos processos cognitivos. Em C. R. Snyder & S. J. Lopez (Eds.), *Handbook of positive psychology* (pp. 528-540). New York: Oxford University Press.
Jackson, L. T. B., Rothmann, S., & Van de Vijver, F. J. R. (2006). Um modelo de bem-estar relacionado com o trabalho para educadores na África do Sul. *Stress and Health*, 22, 263-274.
Kahn, W. A. (1990). The psychological conditions of personal engagement and disengagement at work. *Academy of Management Journal*, 33, 692-724.
Kandathil, G. M., & Varman, R. (2007) 'Contradictions of Employee Involvement, Information Sharing and Expectations: A Case Study of an Indian Worker Cooperative" *Economic and Industrial Democracy* 28(1), 140-174.
Katz, H.C. e Colvin, A.J.S (2011) "Employment relations in the United State" in Bamber, G.J., Lansbury, R.D., e Wailes, N. (eds), *International and comparative employment relations: Globalization and change* (5th ed), Londres: SAGE Publications, ltd. Pp 62-87.
Kaufman, B. E. (2010) "SHRM Theory in the Post-Huselid Era: Why It Is Fundamentally Misspecified", *Industrial Relations*, 49(2), pp. 286-313.
Kaufman, B.E. (2001) "The theory and practice of strategic HRM and participative management Antecedents in early industrial relations", *Human Resource Management Review*, 11, 505-533
Kaufman, B.E. (2003) "High-level employee involvement at Delta air lines", *Human*

Resource Management, 42 (2), 175-190
Kaufmann, L., Schneider, Y. (2004) "Intangibles: A synthesis of current research", *Journal of Intellectual Capital*, 5 (3) pp. 366 - 388
Kessler, I., Undy, R., & Heron, P. (2004) 'Employee perspectives on communication and consultation: findings from a cross-national survey', *International Journal of Human Resource Management*, 15 (3), 512-532
King, J.L., Gurbaxani, V., Kraemer, L.K., McFarlan, F.W., Raman, K.S., & Yap, C.S. (1994) 'Institutional factors in information technology innovation', *Information Systems Research*, 5 (2), 139-169
Lam, A. (1994) "The utilisation of human resources a comparative study of British and Japanese engineers in electronics industries", *Human Resource Management Journal*, 4(3), 22-40
Lam, A. (2005), 'Organizational innovation', em J. Fagerberg, D. Mowery e R. Nelson (eds), *Handbook of Innovation*. Oxford University Press: Oxford.
Lehrer, M., Tylecote, A., & Conesa, E. (1999) 'Corporate Governance, Innovation Systems and Industrial Performance', *Industry and Innovation*, 6 (1), 25-50
Lorsch, J. e Graff, S. (2000). 'Corporate Governance', em Sorge, A. (ed.). *Organization*. London: Thomson Learning, pp. 145-158.
Macduffie, J.P. (1995), "Human resource bundles and manufacturing performance: organizational logic and flexible production systems in the world auto industry", *Industrial and Labor Relations Review, 48 (2), 197-221.*
Macey, W.H. & Schneider, B. (2008). The meaning of employee engagement. *Industrial and Organizational Psychology*, 1, 3-30
MacKenzie, R. (2000) "Subcontracting and the Reregulation of the Employment Relationship: A Case Study from the Telecommunications Industry" *Work, Employment & Society*, 14(4) pp. 707-726.
Marchington, M., Waddington, J., e Timming, A. (2011) "Employment relations in Britain" in Bamber, G.J., Lansbury, R.D., e Wailes, N. (eds), *International and comparative employment relations: Globalization and change* (5th ed), Londres: SAGE Publications, ltd. Pp 36-61.
Marchington, M., & Wilkinson, A., (2008). *Gestão de Recursos Humanos no Trabalho: Gestão e desenvolvimento de pessoal* (4.ª ed.). Broadway: Chartered Institute of Personnel Development.
Martinez Lucio, M. (2010) "Dimensions of Internationalism and the Politics of the Labour Movement: understanding the political and organizational aspects of labour networking and coordination. *Employee Relations*, 32 (6), 538-556
Mason, G., & Wagner, K. (1999) "Knowledge Transfer and Innovation in Germany and Britain: 'Intermediate Institution' Models of Knowledge Transfer under Strain? , *Industry and Innovation*, 6 (1), 85-109
Maurer, T. J. (2001). Career-relevant learning and development, worker age, and beliefs about self-efficacy for development. *Journal of Management*, 27, 123-140.
May, D.R., Gilson, R.L. & Harter, L.M. (2004). The psychological conditions of meaningfulness, safety and availability and the engagement of the human spirit at work. *Journal of Occupational and Organizational Psychology*, 77, 11-37.
McLeod, D., & Clarke, N. (2009). *Engaging for success: enhancing performance through employee engagement*. REINO UNIDO: Departamento de Negócios, Inovação e Competências.
Metcalf, D. (2003b), "Trade Unions", in P. Gregg e J. Wadsworth (eds), *The State of Working Britain*, 2nd edn (Londres, Macmillan)
Michelson, G. & Westcott, M. (2001). 'Heading into orbit? Braham Dabscheck and industrial Relations theory" *Journal ofIndustrial relations*, 43 (3), 308-329
Michie, J., & Sheehan, M. (1999). HRM practices, R & D expenditure and innovative

investment: Evidence from UK's 1990 workplace Industrial relations survey (WIRS)", *Industrial and Corporate change*, 8 (2), 211-234
Miles, R. E., & Snow, G. G. (1978) *Organizational strategy, structure, and process*. New York: McGraw-Hill
Mintzberg, H. (1983). *Structure in Fives. Designing Effective Organizations*. Prentice Hall: Englewood-Cliffs, NJ.
Muchinsky, P.M. (2003). *Psicologia aplicada ao trabalho: Uma introdução à psicologia industrial e organizacional* (7th ed). EUA: Wadsworth Thomson Learning.
Müller-Jentsch, W. (1995). "Alemanha: From Collective Voice to Co-management", em Rogers, J. e Streeck, W. (eds.). *Works Councils*. Chicago: University of Chicago Press, pp. 53-78.
Nakakubo, H. (2004). A revisão da lei de normas do trabalho: Contratos a termo, despedimento e regimes de trabalho discricionário" In Ohtake, F. (ed). *Japan labor review,* Japan institute for labor, policy and training, Vol 2, pp 4-25
Park, R., Appelbaum, E. e Kruse, D. (2010), "Employee involvement and group incentives in manufacturing companies: a multi-level analysis", *Human Resource Management Journal*, 20(3), pp 227-43.
Parzefall, M., & Hakanen, J. J. (no prelo). Psychological contract and its motivational and healthenhancing outcomes. *Journal of Managerial Psychology*.
Pfeffer, J. (1994), *Competitive Advantage Through People* (Boston, MA, Harvard Business School Press).
Pfeffer, J. (1994). *Competitive advantage through people: Unleashing the power of the work force*. Boston: Harvard Business School Press
Phips, P.A. (1995). 'Workplace performance: Firm productivity and competitiveness", *Monthly LaborReview*',Vol.118,64-65
(http://www.questia.com/googleScholar.qst?docId=5000309277).
Rubery, J. & Grimshaw, D. (2003) *The Organisation of Employment: An International Perspective*, Basingstoke: Palgrave
Rynes, S., Barry, G., & Kathleen, M. (2004). "The Importance of Pay in Employee Motivation: Discrepâncias entre o que as pessoas dizem e o que fazem". *Human Resource Management Journal,* 43(4): 381-94.
Saks, A. M. (2006). Antecedents and consequences of employee engagement. *Journal of Managerial Psychology*, 21, 600-619.
Salanova, M., & Schaufeli, W. B. (2008). A cross-national study of work engagement as a mediator between job resources and proactive behaviour. *International Journal of Human Resource Management*, 19, 116-131.
Salanova, M., Agut, S. & Peiro, J. M. (2005). A relação entre os recursos organizacionais e o empenhamento no trabalho e o desempenho dos trabalhadores e a lealdade dos clientes: A mediação do clima de serviço. *Journal of Applied Psychology*, 90, 1217-1227.
Salanova, M., Agut, S., & Peiro, J. M. (2005). A relação entre os facilitadores organizacionais e o empenhamento no trabalho e o desempenho dos trabalhadores e a lealdade dos clientes: A mediação do clima de serviço. *Journal of AppliedPsychology*,90,1217-1227.
Salanova, M., Bakker, A., & Llorens, S. (2006). Fluxo no trabalho: Evidence for a gain spiral of personal and organizational resources. *Journal of Happiness Studies*, 7, 1-22.
Salanova, M., Schaufeli, W.B., Xanthopoulou, D., & Bakker, A.B. (2010) 'The gain spiral of resources and work engagement: Sustaining a positive work life" In Bakker, A. B., Leiter, M. P. (eds). *Work Engagement: A Handbook of Essential Theory and Research*. Psych Press. Edição Kindle.
Schaufeli, W. B., & Bakker, A. B. (2004). Job demands, job resources, and their relationship with burnout and engagement: a multi-sample study. *Journal of*

Organizational Behavior, 25, 293-315.
Schaufeli, W. B., Bakker, A. B., & Salanova, M. (2006a). The measurement of work engagement with a short questionnaire: A cross-national study. *Educational and Psychological Measurement*,66, 701-716.
Schaufeli, W.B., & Bakker, A.B. (2003). UWES-Utrecht Work Engagement Scale: manual de teste. Manuscrito não publicado, Departamento de Psicologia, Universidade de Utrecht, Países Baixos.
Schaufeli, W.B., & Bakker, A.B. (2010) 'Defining and measuring work engagement: Bringing clarity to the concept' In Bakker, A. B., Leiter, M. P. (eds). *Work Engagement: A Handbook ofEssential Theory and Research.* Psych Press. Edição Kindle.
Schaufeli, W.B., & Bakker, A.B. (2010). Defining and measuring work engagement: bringing clarity to the concept' In M.P. Leiter, &A.B. Bakker (Eds.), *Work engagement: A handbook of essential theory and research.* New York: Psychology Press. Edição Kindle
Seppala, P., & Schaufeli, W. B. (2009). The construct validity of the Utrecht Work Engagement Scale: Multisample and longitudinal evidence. *Journal of Happiness Studies*, 10, 459-481.
Sonnentag, S. (2003). Recuperação, envolvimento no trabalho e comportamento proactivo: A new look at the interface between non-work and work. *Journal of Applied Psychology*, 88, 518528.
Sonnentag, S., Dormann, C., & Demerouti, E. (2010) 'Not all days are created equal: The concept of state work engagement", In Bakker, A. B., & Leiter, M. P. (eds). *Work Engagement: A Handbook of Essential Theory and Research*. Psych Press. Edição Kindle.
Soskice, D. (1997) "German technology policy, innovation, and national institutional frameworks", *Industry and Innovation*, 4 (1), 75-96
Stewart, J., Wilkinson, A., & Ackers, P. (2010). "Incidentes críticos de parceria: cinco anos de experiência no NatBank", *Industrial Relations Journal*, 41 (4), 382-398
Sweetman, D., & Luthans, F. (2010). 'O poder da psicologia positiva: Psychological capital and work engagement,' In Bakker, A. B., Leiter, M. P. (eds). *Work Engagement: A Handbook of Essential Theory and Research*. Psych Press. Edição Kindle.
Thompson, P. (2011) 'Provocation series paper: The trouble with HRM" (O problema da gestão de *recursos* humanos), *Human Resource Management Journal*, 21 (4), pp 355-367
Truss, C. (2001) 'Complexities and controversies in linking HRM with organizational outcomes', *Journal of management studies*, 38 (8), 1121-1149
Tushman M. L. e O'Reilly, C. A. (1996) 'Ambidextrous Organizations: Managing Evolutionary and Revolutionary Change", *California Management* Review, 38(4): 8-30.
Van den Broeck, A., De Witte, H., Lens, W., & Vansteenkiste, M. (2008). The role of basic need satisfaction in explaining the relationships between job demands, job resources, burnout and engagement. *Work & Stress*, 22, 277-294.
Waddington, J. (2011). *Conselhos de empresa europeus: A Transnational Industrial Relations Institution in the Making*. Londres, Routledge.
Wade, M.R., & Gravill, J.I. (2003) 'Diversification and performance of Japanese IT subsidiaries: a resource based view, *Information and management*, 40, 305-316
Wagner, K., & Mason, G. (1999) 'Innovation Systems and Industrial Performance Germany in International Perspective', *Industry and Innovation*, 6(1), 1-4
Wall, T & Wood, S. (2005). 'The romance of HRM and business performance, and the case for big science', *Human Relations*, 58(4), pp 429-62
Wood, S. (1978) 'Ideology in Industrial relations', *Industrial relations Journal*, 9(4), 42-56.
Wright, P.M. e Boswell, W.R. (2002). "Desegregating HRM: a review and synthesis of

micro and macro human resource management research". *Journal of Management*, 28: 3, 247-276.
Xanthopoulou, D., Bakker, A. B., Demerouti, E., & Schaufeli, W. B. (2009c). Work engagement and financial returns: A diary study on the role of job and personal resources. *Journal of Occupational and Organizational Psychology*, 82, 183-200.
Yang, S., & Brynjlfsson, E. (2001) "Intangible assets and growth accounting: Evidence from computerinvestments", documento não publicado, 1-35
Zhou, H., Dekker, R., & Kleinknechty, A. (2011) "Flexible labor and innovation Performance: evidence from longitudinal firm-level data", *Industrial and Corporate Change*, 20 (3), pp. 941-968

APÊNDICE A

UWES-Debatido como sendo orientado para as caraterísticas

Itens da Escala de Compromisso com o Trabalho de Utretch: As respostas a estes itens são dadas numa escala de frequência de 7 pontos que varia entre 0 ("nunca") e 6 ("sempre").

1. No meu trabalho, sinto que estou a transbordar de energia* (Vi)
2. Considero o trabalho que faço cheio de significado e objetivo (De)
3. O tempo voa quando estou a trabalhar (Ab)
4. No meu trabalho, sinto-me forte e vigoroso (Vi)*
5. Estou entusiasmado com o meu trabalho (De)*
6. Quando estou a trabalhar, esqueço-me de tudo o que está à minha volta (Ab)
7. O meu trabalho inspira-me (De)*
8. Quando me levanto de manhã, apetece-me ir trabalhar (Vi)*
9. Sinto-me feliz quando estou a trabalhar intensamente (Ab)*
10. Tenho orgulho no trabalho que faço (De)*
11. Estou imerso no meu trabalho (Ab)*
12. Posso continuar a trabalhar durante períodos muito longos de cada vez (Vi)
13. Para mim, o meu trabalho é um desafio (De)
14. Deixo-me levar quando estou a trabalhar (Ab)*
15. No meu trabalho, sou muito resistente, mentalmente (Vi)
16. É difícil desligar-me do meu trabalho (Ab)
17. No meu trabalho, sou sempre perseverante, mesmo quando as coisas não correm bem (Vi)

* Versão curta; Vi = Vigor; De = Dedicação; Ab = Absorção

(Citado de Schaufeli & Bakker, 2010, In Bakker, A. B., & Leiter, M. P. (eds). *Work Engagement: A Handbook of Essential Theory and Research*. Psych Press. Kindle Edition)

APÊNDICE B

TANGÍVEIS ⟷ ENVOLVIMENTO NO TRABALHO

Sugestões para a modificação da escala de engagement no trabalho de Utretch: A essência é captar as percepções dos trabalhadores sobre a tese complementar (sugerida a partir do Q de Hobfoll e Tobin) entre os recursos do emprego (***tangíveis***) e o empenho no trabalho (sector das TI)

1. No meu trabalho, sinto que [*a disponibilidade de recursos informáticos ou o retorno dos lucros do investimento em TI*] me faz transbordar de energia* (Vi)
2. [*A disponibilidade de recursos de TI ou a classificação do mercado bolsista do investimento em TI desta organização tornam*] o trabalho que faço pleno de significado e objetivo (De)
3. [*Os recursos informáticos à minha disposição fazem*] o tempo voar quando estou a trabalhar (Ab)
4. No meu trabalho, [*os recursos informáticos permitem-me*] *ser* forte e vigoroso (Vi)*
5. [*Em resultado do investimento em TI desta empresa*] Estou entusiasmado com o meu trabalho (De)*
6. [*Devido aos recursos informáticos*] quando estou a trabalhar, esqueço-me de tudo o resto à minha volta (Ab)
7. Os [*recursos informáticos disponíveis para*] o meu trabalho inspiram-me (De)*
8. Quando me levanto de manhã, [*a abordagem da minha organização ao investimento em TI faz-me*] sentir vontade de ir trabalhar (Vi)*
9. [*A disponibilidade de recursos informáticos deixa-me* feliz por trabalhar intensamente (Ab)*
10. Orgulho-me [do *retorno do investimento em TI*] do trabalho que faço (De)*
11. [*Os recursos informáticos permitem-me*] *estar* imerso no meu trabalho (Ab)*
12. Posso continuar a trabalhar durante períodos muito longos [*desde que existam recursos informáticos disponíveis ou apoio de capital de risco para tirar partido da inovação informática*] (Vi)
13. Para mim, [*a posição desta organização relativamente ao investimento em TI torna*] o meu trabalho difícil (De)
14. Deixo-me levar [*pela disponibilidade de recursos informáticos*] quando estou a trabalhar (Ab)*
15. No meu trabalho, [*trabalhar com recursos informáticos torna-me*] muito resistente, mentalmente

(Vi)

16. [*A disponibilidade das TI torna*] difícil desligar-me do meu trabalho (Ab)
17. No meu trabalho [*a disponibilidade de recursos ou serviços informáticos faz-me*] perseverar, mesmo quando as coisas não correm bem (Vi)

APÊNDICE C

INTANGÍVEIS ⟵⟶ ENVOLVIMENTO NO TRABALHO

Sugestões para a modificação da escala de empenhamento no trabalho de Utretch: A essência é captar as percepções dos trabalhadores sobre a tese complementar (sugerida a partir de Hobfoll e Tobin Q) entre os recursos do trabalho (***intangíveis, ou seja, T-1 e T-2***) e o empenho no trabalho (sector das TI)

1. No meu trabalho, sinto que [*a prática de envolvimento T-1 ou T-2 faz-me*] explodir de energia* (Vi)
2. [*Como resultado da prática de trabalho T-1 ou T-2*] Considero o trabalho que faço cheio de significado e objetivo (De)
3. [*O envolvimento em práticas de trabalho T-1 ou T-2 causa*]tempo [*de voo no trabalho*] (Ab)
4. No meu trabalho, [*a prática de T-1 ou T-2 dá-me a garantia de*] força e vigor (Vi)*
5. *A* [*prática de trabalho T-1 ou T-2 permite-me estar*] entusiasmado com o meu trabalho (De)*
6. [*Envolver-me numa prática de trabalho T-1 ou T-2 permite-me*] esquecer tudo o resto sobre [*mim*] (Ab)
7. [*A organização adopta a prática de trabalho T-1 ou T-2*] inspira-me (De)*
8. Quando me levanto de manhã [*a preocupação da minha organização com a prática de T-1 ou T-2 faz-me*] sentir vontade de ir trabalhar (Vi)*
9. [*Como resultado da prática de envolvimento T-1 ou T-2*] Sinto-me feliz [*e*] trabalho intensamente (Ab)*
10. *[O feedback resultante da prática de T-1 ou T-2 deixa-me*] orgulhoso do trabalho que faço (De)*
11. *A prática* [*T-1 ou T-2 faz-me*] mergulhar no meu trabalho (Ab)*
12. [Posso trabalhar durante períodos muito longos de cada vez (Vi)
13. Para mim, [*a prática de T-1 ou T-2 torna*] o meu trabalho difícil (De)
14. *[A prática de T-1 ou T-2 faz com que me entusiasme* quando estou a trabalhar (Ab)*
15. *A prática* [*T-1 ou T-2 desta organização torna-me*] muito resistente, mentalmente (Vi)
16. [*Devido à prática profissional T-1 ou T-2*] é difícil desligar-me do meu trabalho (Ab)
17. No meu trabalho [*devido à prática profissional T-1 ou T-2*], sou sempre perseverante, mesmo quando as coisas não correm bem (Vi)

CAVEAT

1. A escala Utretch de engagement no trabalho [UWES] foi modificada de acordo com a lógica deste documento, segundo a qual os recursos do posto de trabalho complementam ou coexistem com o engagement no trabalho. No entanto, a lógica para T-1 e T-2 pode aplicar-se apenas ao sector das TI.
2. Os recursos de tecnologia da informação (TI) não foram especificados porque não tive acesso a organizações de TI para efetuar a investigação.
3. As práticas de trabalho T-1 e T-2 não foram especificadas porque uma vasta gama de entrevistas qualitativas com trabalhadores do sector das TI identificará estes elementos intangíveis.
4. É necessário que, antes de distribuir a versão modificada do UWES, uma análise das respostas da direção ou dos trabalhadores sobre a disponibilidade de recursos no posto de trabalho, tais como contagens de frequências ou contagens percentuais das tangíveis prevalecentes, indique os níveis de recursos no posto de trabalho existentes e as tangíveis de recursos no posto de trabalho que são significativamente apoiadas, antes de uma comparação deste resultado estar relacionada com o empenho no trabalho incorporado na forma modificada do UWES (apêndice b e c).
5. A pontuação composta de tangíveis e intangíveis em relação ao empenho no trabalho, tal como reflectida no formulário modificado (apêndice b e c), indicará uma classificação dos trabalhadores em termos de empenho no trabalho
6. No formulário modificado do UWES (anexos b e c), os trabalhadores de um sector ou organização estão empenhados no trabalho ou psicologicamente empenhados no trabalho se a maioria dos trabalhadores obtiver uma pontuação acima de um indicador ou média universal para um sector.

POEM

"Bela e arrojada na Grã-Bretanha,

O sector das TI é bonito e arrojado na Grã-Bretanha, mas porquê defender os seus recursos arrojados que podem gerar resultados? O sector das TI é belo e arrojado na Grã-Bretanha, mas os seus recursos não estão

empenhados, O sector das TI é belo e arrojado na Grã-Bretanha, mas nenhum está empenhado no trabalho,
O sector das TI é, de facto, belo e arrojado na Grã-Bretanha;
Sou bonita e corajosa na Grã-Bretanha....."

Kennedy Ezenwafor*

MIX
Papier aus verantwortungsvollen Quellen
Paper from responsible sources
FSC® C105338

Printed by Books on Demand GmbH, Norderstedt / Germany